お金が貯まる人が捨てた37のこと

田口智隆

廣済堂新書

はじめに

突然だが、あなたはこの格言をご存じだろうか？

「得るは捨つるなり」

文字通り「何かを得るためには何かを捨てなければならない」という意味の格言だ。

「捨てる」と聞くと、すぐに「もったいない」とか、「いつかは使えるのでは」と思う人も多いだろうが、実は、**「捨てる」**ことで**「得られる」**ことは多い。

あなたも、捨てられないものを思い浮かべてほしい。

●バーゲンだからと買ったものの一度も袖を通していない「服」
●とっくに賞味期限が切れている「冷蔵庫の中身」
●読んだだけで満足した「ビジネス書」の山
●特に観たい番組でもないＴＶを「ダラダラ観る」時間
●埋まっていることで満足している「スケジュール」
●浪費にしかならないとわかっているのに続けている「キャバクラ通い」……

これ以外にも、捨てた方がいいとわかっていながら、手放せないものはたくさん思いつくはずだ。

実は**「お金が貯まらない人」**は、これらの考え方から習慣、人付き合い、仕事の進め方などすべてにおいて、捨てることができないばかりに**どんなに努力をしてもお金の不安から解放されずにいる。**

私たちは、お金に関して「得るは捨つるなり」と教えられたことは一度もない。むしろ親や教師からは「お金とは何かを我慢して貯めるものだ」と教えられている。だから、

「捨てれば、お金が貯まる」と言われてもあなたがピンとこないのは仕方がない。

しかし、安心してほしい。

借金500万円！　どん底からの逆転は「捨てる」ことから始まった！

そんなお金の不安から解放される方法は、簡単だ。

今この瞬間から、**いらないものを捨ててしまえばいいのだ。**

貯金の知識や投資のスキルを身につける必要はない。毎日、お金に関して勉強する必要もない。貯金体質を身につけるには、長い時間が必要だ。しかし、捨てることなら、今すぐにでもできる。

これから紹介する37のことを**「捨てる！」と決意するだけで、あなたは「お金が貯まる人」に変わることができる**のだ。

なぜそこまで断言できるのか。

それは、私自身が**「捨てる」**ことによって、お金の苦しみから解放されたからだ。

私は、28歳の時、借金500万円を抱え自己破産寸前の状態に陥っていた。借金地獄から抜け出し、そこから転じてお金のストレスフリー（お金から自由で振り回されない状態）になるために、まず私の中に巣くっていた**「お金が貯まらない習慣」**を一気に取りのぞくことから始めたのだ。

私は自分に必要のないものをすべて洗い出し、容赦なく捨てていった。

ただただ必死にそれを実行した。

それしか私にできることはなかった、とも言える。

その効果はてきめんで、私は2年後に借金をすべて返済することができた。しかも**一度捨てたら、リバウンドもなく、それ以来お金の不安に悩まされなくなった**のだ。

変えます、自分！

「そんな簡単に、今までの習慣を捨てることなんてできないよ」

「第一、捨てたからって、ほんとうにお金を貯められるようになるの？」

そう思う人にこそ、ぜひ試してもらいたい。

この20年ほど日本には不況の嵐が吹き荒れていた。

このところ、政府は次々と経済成長を促す対策をとってはいるものの、大企業の利益を優先するばかり。たとえ企業が潤ったとしても、そこで働く人たちの給与が上がるかどうかまでは、専門家たちも首を傾げているような状態だ。

そこへきて、消費税は上がる。

なかなか、希望が見いだせないような状況だ。

こうした状況下で、あなたがいくら給料を上げようとがんばっても、ハードルが高い。だからと言って、先行き不安なまま年老いていくのは心もとない。

あなた自身が**今ここで考え方や行動を変えない限り、今後いくら景気が良くなったって、お金の不安から解放されることはない**のだ。

貯められない人へ！　最後の処方箋

本書はこれまでどんなにお金を貯めることに失敗した人でも、うまくいく方法が書かれており、次の流れで構成されている。

第1章「お金の管理術」では、あなたが思い込んでいるお金の常識を取りのぞき、お金持ちマインドになるための考え方を紹介した。第2章「ライフスタイルとお金」では、TVをダラダラ観たり、ジャンクフードを食べてしまったりする、お金を遠ざける生活を変える。第3章「仕事とお金」では、会社の奴隷から解放され、稼ぐ人になるにはどうするかを書いた。第4章の「人間関係とお金」は、お金が貯まらない原因となる人付き合いを、無理なく改善する方法を紹介する。第5章「お金が貯まる口ぐせ」では、ついロにしがちな、「お金が貯まらない言葉」を取りのぞいてもらう。

人生をリセットするのに、遅すぎるということはない。

時代のせいにせず、どんなときにでも、あなたが「お金を貯められる人」になる術を身につけておくことは、今後ますます厳しくなる日本経済において必須の能力だ。

変えるのは、あなた自身だ。

第1章　お金の管理術

第2章　ライフスタイルとお金

第3章　仕事とお金

第4章 人間関係とお金

第5章 お金が貯まる口ぐせ

第1章

お金の管理術

01 「お金なんてそのうち貯まる」考えを捨てる

先日、私のところに積立投資の相談に来たSさん（28歳　男性　独身　警備会社勤務）がこんなことを言った。

Sさん：今は友だちや彼女と遊びに行くのが楽しくて、ついついお金を使ってしまうんですよね。積立投資に興味はあるんですけど、ぜんぜんお金が貯まらなくて。そのうちお金が貯まってからスタートしても大丈夫ですよね？

田口　：「そのうち」なんて言ってたら、いつまでたっても始められないんじゃないかな？

Sさん：そんなことないですよ。年をとったらみんなそこそこ貯金だって貯まるし、問題ないんじゃないですか？

田口　：年をとったらお金が貯まるなんてどうして言えるの？

Sさん：え？　だって給料も上がるし、今よりは自由に使えるお金がふえるはずでしよ？
田口：もし給料が上がらなかったら？
Sさん：え～！　上がらなかったらですか？　それは……うーん、そのときになってみないとわからないっていうか……。まあ、なんとかなりますよ。

Sさんは子どものような屈託のない顔で笑っていたが、私は彼の将来が心配でとても一緒に笑う気持ちにはなれなかった。


年齢とともに給与が上がるというのは、ひと昔前のサラリーマンの話だ。

いわゆる年功序列制度というやつだが、いまだにそういう発想をする若い人たちがいることに戸惑いを覚えてしまう。

親の世代がそうだったからといって、自分たちも同じように**「年をとればお金が貯まる」と思っているのだとしたらとんでもない間違いだ。**

2000年代以降の若者は不景気しか知らないから、「お金がない状態が普通だ」と考えているのなら、それはそれで思考停止してしまっていると言わざるを得ない。

もちろん、これからの日本社会がどうなるのかなんて、誰も見通せているわけではない。でも先の見えない時代だからこそ、今からお金の計画を立てておかなければ、一生お金が貯まらないまま終わってしまうのだ。

「田口さん、そんなこと言うけど、東京オリンピックも開催されるし、アベノミクス効果もいろんなところで現れてきてるみたいですよ。株価も少しずつ上がっているし、きっと大丈夫ですよ！」

そんな声も聞こえてきそうだが、ほんとうにそうだろうか。

かりに、今後どんどん経済が上向きになり、かつての高度成長期くらい豊かになって、あなたの給与も上がったとしよう。

しかし、なにも考えずに暮らしていればいつまでたってもお金は貯まらない。

なぜなら、Sさんは「給料が上がれば、今より自由に使えるお金がふえる」と言っていたが、**給料がふえると人はその分だけ余計に出費する**ようになるからだ。

たとえば、Sさんが一回のデートにかける費用が1万円だったとしよう。

だが給料がふえれば、一回のデートにかけるお金は無意識のうちにふえないだろうか？

ちょっと彼女にいいところを見せたくて、いつもの居酒屋ではなく、ひとり1万円もするイタリアンのコースを予約してしまうことだってあるだろう。

デートの回数も、週一回から二回にふえるかもしれない。

それだけでも、今までの出費の2倍以上になることは明らかだ。

そうして彼女との楽しい時間を過ごしているうちに、いつからか「結婚」という二文字がちらつき始めるようになる。

Sさんは、めでたく給料も上がり、彼女との結婚に踏みきることになる。

結婚すると、当然のことながら一人暮らしの生活費とは比べものにならないくらい出費がかさむ。

独身のときより広い部屋も必要になるし、子どもが生まれれば、マイホームだって欲しくなる。

Sさんはもっとお金を稼ごうとはりきるが思いどおりに給与は上がってくれない。

そのうち子どもが大きくなって学費が必要になり、気がついたときには貯金はゼロ、数千万円の住宅ローンまで……という状態になっているというわけだ。

「こんなことになるなら、もっと早くからちゃんと考えておけばよかった！」

子どもが大きくなってから後悔しても、時計の針を巻き戻すことはできない。

「自分はまだ若いから大丈夫」「年をとったら稼げるようになる」と考えている人は、一生お金に困る人生を送ることになる。

これからの時代は、若いうちからお金のことをしっかり理解し、対策を打たなければ、間に合わない。「そのうちなんとかなるさ」と思考停止していると、一生お金に振り回されるだけの奴隷で終わってしまう。

お金のことを真剣に考えなければいけないのは「いつか」ではなく「今」なのだ。

02 「お金持ちって収入の高い人でしょ」発想を捨てる

あなたは、いくらくらいの収入がある人を「お金持ち」と呼ぶだろうか。

「年収1000万円以上稼ぐ人かな?」

なるほど。

たしかに年収1000万円は、誰にでも稼げる金額ではない。2012年度の平均年収は442万円だったし、その倍以上の1000万円を稼ぎ出す人となると、全体の数パーセント程度しかいない。

となると、お金持ちは「手の届かない存在」「なろうと思ってなれるものではない」とあきらめた方がいいのだろうか？

いや、そうではない。

ここでハッキリ言っておこう。

年収の多い・少ないは、「お金持ち」とはなんの関係もない。

私の基準では、年収はお金持ちであるかどうかの判断材料にはならない。

年収1000万円だろうが、1億円だろうが貧乏な人は存在しているからだ。

逆に年収が300万円しかなかったとしても、お金持ちになっている人がいる。

「まさか、そんなことがありえるはずないでしょう？」

そう思った、あなた。

ところがそういう人たちは、実際に存在するのだ。

お金というものは、呼吸と同じで入ってくるお金（収入）もあれば出ていくお金（支出）もある。

息を吸い続けることが不可能なように、お金を貯め込み続けることもまたできないというわけだ。


つまり、お金持ちかどうかは、**「収入と支出のバランス」**によって決まる。

どんなに稼いだとしても、支出がそれを上回ってしまえばお金は手元に残らない。こんな簡単な理屈は小学生にでもわかると思うが、それでも強調しておかなければならないのは、わかっていても支出が収入を越えてしまう人があまりにもたくさんいるからなのだ。


実際の例を挙げて説明しよう。

知り合いのN氏（38歳　男性　既婚　外資系証券会社勤務）は、埼玉県の熊谷市から、高崎線で1時間以上かけて丸の内のオフィスに通っていた。

しかし、ある日を境に、彼のそんな生活を一変させてしまう出来事が起きた。

同僚の引っ越し祝いで豊洲《とよす》のタワーマンションを訪れたときに、そのハイレベルな住環境に魅了されてしまったのだ。

「すごいな、ここ。超高層マンションってこんな感じだったんだ……」

「気に入ったなら、お前も越してくればいいじゃないか。ずっと埼玉なんだろ？　そろそろ都内に出てくれば？」


後日、タワーマンションのモデルルームにN氏と奥さんの姿があった。中に入ると、2人は思わず歓声を上げた。

引っ越したばかりの友人宅もすごかったが、モデルルームの方は家具などもすべてそろっていて、一層魅力が増して見えたのだ。

大型のハイビジョンテレビ、ミッドセンチュリーのテーブルや椅子、本革をあしらっ

たソファ、どれもがハイレベルなマンションの内装とマッチしていて、

「これこそ自分があこがれていた、いつかは住みたいと思っていたマンションじゃないか！」

と大興奮。

数カ月後、奥さんの後押しもありN氏はタワーマンションへの引っ越しを決めた。

高層階に行けば行くほど賃料が段階的に高くなるタワーマンションだったが、友人の手前、見栄を張って、同じ階に決めた。

引っ越しも無事終わり、友人にも祝ってもらったN氏は、あらためて自分のモノになったマンションを見渡して、なんだか違和感を覚えた。

「そうか。前の家から持ってきた家具が、部屋と釣り合っていないんだ……」

恥ずかしくなったN氏は、週末のたびに奥さんと家具屋を歩き回った。

購入したのはどれも値が張るモノばかり。だが、せっかく手に入れた住環境のためだ。妥協などしていたらほんとうの満足は得られない。

ひとしきり家具がそろい、自慢のリビングでワインをかたむけてくつろいでいると、N氏の奥さんが外出先から戻ってきてこう言った。

「ねえ、うちの車ガレージに置いておくの恥ずかしいわ。だって、まわりが全部高級外車ばかりなんだもん」

住環境のレベルを上げると、すべてのことにお金がかかり始める。

人は、一度上げてしまった生活レベルを落とすことはできなくなるから、どんなに苦しくてもその状態を維持しようとつとめる。

昔売れていた芸能人が、売れなくなってからも一流ブランドの洋服を着ていたり、高級外車に乗っていたりするのもそういうことなのだろう。

見栄を張るとは、とても恐ろしいことなのだ。

お金を使うときには、ほんとうにそれが自分に必要なモノかを見極めなければならない。

なぜ豊洲《とよす》なのか？

なぜ高層マンションに住むのか？

ミッドセンチュリーの家具や高級外車はほんとうに欲しいモノなのか？

それらの検証を怠らなければ、お金は必ず貯まるようになる。

たとえ年収が３００万円でも、自分に必要なモノがその年収以内に収まっているのであれば、その人はお金に困っていない状態、つまりは「お金持ち」なのである。

N氏は現在、住宅ローン地獄におちいって、必死にお金を稼いでいる。

それが幸せな状態なのかどうか……、私にはなんとも言えない。

だが、これだけは断言できる。

収入以上に支出が多い人はお金持ちとは呼べない。

「年収が1000万円あれば、自分もお金持ちの仲間入りをすることができるのになあ」

もしあなたがこんな考えを持っているなら、今すぐ捨てて、自分がなににどれだけお金を使っているのかを一度じっくり検証してみよう。

案外すぐにお金持ちになれることに気づくかもしれない。

03 「老後は『年金』に頼る」考えを捨てる

先日、カフェで編集者と打ち合わせをしているときのこと。

隣の席に座っていた20代の若者2人が、こんな会話をしているのが耳に入ってきた。

A：年金なんて俺らもらえないじゃん。だから払ってないし。

B：俺も払うのやめよっかな。なんかバカらしいや。

A：お前払ってんだ。ムダなことしてるな～。

B：だって、もしかしたらもらえるかもしれないじゃん。
A：未練がましい～（笑）。絶対ないから！

年金を払うことは国民の義務だが、彼らの危惧していることにはじゅうぶん理解できる。

日本の年金システムはすでに破綻している。
そして、その影響は将来、今の若い世代を直撃するだろう。
彼らに同情したうえで、私は心の中でこんなことをつぶやいた。

「……で、そこからどうするかは考えているの？」

年金に不安があるから頼らないという考え方には私も賛成だ。
だが、もらえないからといって、払うのをやめて終わり……、というのではあまりにも情けない。

「年金はもらえないかもしれない。だから、○○をしておこう」と対策を練るのが、将来、お金持ちになれる人の思考回路だ。

年金がもらえないなら、年金の代わりになるものを自分で探さなければならない。

たとえば、**「自分年金」**を設立してみるのはどうだろう?

「自分年金」とは、その名のとおり自分で年金を積み立てていくということだ。

銀行などの積立預金を利用して、月々数万円を自動的に引き落としにしてしまえば、強制的にお金を貯めることができる。

今は金利が低いのでそれほど利息はつかないだろうが、それでもコツコツ貯めていけばそれなりの資産にはなるはずだ。

利回りを重視するなら、証券会社で積立投資を始めてみるのもいい。

銀行預金にくらべてはるかに資産を形成しやすいので、同じ額の積み立てをするならこちらの方に軍配が上がるだろう。

ただし、投資信託の場合はリスクもあるので、チャレンジする場合は、ある程度勉強してから臨んでほしい。

「資金がないから、投資と言われてもすぐにはできないんですけど……」

そう思っているあなた。

若いうちは手取りも少ないし、遊びたい時期だから、「自分年金」と言われても実行に移すのがむずかしいかもしれない。

しかし、それを言っているとあっという間に時が過ぎてしまう。

若いから、お金がないからと言い訳をするのはやめて、**月に一万円でもいいから強制的に積み立てをし、「お金を貯める」くせをつけてしまった方が、後々、ラクだ。**

そうすれば、お金が貯まる喜びを知ることができるし、「じゃあもう少し上乗せしてみようかな」と意欲的になることもできる。

少し話は変わるが、そもそも年をとったら私たちはほんとうに働けなくなるのだろうか？

先日テレビを観ていたら、「老後の働き方を考える」がテーマの討論番組が始まった。番組の中で定年退職したサラリーマン男性が「まだまだ働けるのに、どこに行っても採用されず、今は掃除のアルバイトをしています」と、肩を落として話をしていた。かつては部長職にあったというその人が、20代の女性からトイレ掃除の指導を受けているさまは、とても違和感があり、不思議な光景に見えた。

現代の65歳は、とても元気でまだまだ働ける人が多い。

現役を引退するにはまだまだ早すぎる。

そんな人が会社を定年退職したとたん、無用の長物のごとく扱われていることに、私は違和感を覚えた。

もし、現役時代から自立することを考えたり、副業を始めたりしていれば、退職後もずっと活き活き働くことができたはずなのだ。

事実、他の参加者で脱サラして自営業を始めた人や、フリーランスで仕事をしている同世代の人たちは自分で仕事を生み出し、希望に満ちた明るい表情をしていた。

これからは**65歳定年という考え方は捨て、「生涯現役」を貫く姿勢を身につける必要がある**のだろう。そうしなければ、定年退職後、路頭に迷う生活を送る可能性は非常に高い。

制度に不満をもらすのは誰にでもできる。

制度に頼れないなら、自分で将来に向けた準備をしなければならないのだ。

04　「口座は1つだけ」を捨てる

おそらくこの本を読んでいる方で、銀行に口座を持っていない人はあまりいないのではないだろうか。

銀行の預金は大別すると、**「普通預金」**と**「定期預金」**の2つに分かれる。

「定期預金」はその名のとおり、一定期間お金を預けることが前提の預金。満期が来るまでは引き出せない（途中で解約は可能だが、利子が普通預金と同じになるなどのデメリットが生じる）が、その分金利は普通預金にくらべてよくなっている。

生活費などひんぱんに引き出すお金は**「普通預金」**に、将来のために貯金するお金は「定期預金」にしているという人も多いだろう。

今はその両方を一つの口座で管理できる**「総合口座」**というものがあるので、大変便利だ。そのため、口座は一つしか持っていないという人もいるだろう。

ところが、この便利なはずの総合口座にしたことが落とし穴で、お金が貯まらない人がいるのだ。

総合口座を使っている人はご存じだと思うが、普通預金の残高が不足しているときでも定期預金を担保にして自動融資が受けられる。

定期は引き出せないが融資が受けられるのであれば、それは定期分を引き出していることとなんら変わりがない。

ほんとうは手をつけたくない定期預金でも、どうしてもお金が必要になったときは引き出してしまいたくなるのが人情だ。

そこへきて、ボタン操作一つですぐに融資が受けられるとなれば、おもわず引き出してしまう人がいるのは容易に想像ができる。


お金を貯めるためには、口座を分けてやるのが効果的だ。**生活費を引き出すための口座と、将来のためにとっておくお金を別々の口座にしておくだけで、定期預金に入れたお金には手が出しづらくなる。**


「この口座のお金は手をつけてはいけない将来のためのもの」

そういう認識があれば、急に物入りになったときでもなんとか踏みとどまれるはずだ。

それでも定期預金に手を出してしまうという人は、証券会社に口座を作ることをおすすめする。

前項でも少し触れたが、証券会社での積立投資を設定してしまえば、なおさら途中で解約しにくくなる。

せっかく高い利回りで資産がふえつつあるのに、それを途中でやめてしまうのは勇気が必要だからだ。

「クリック一つで簡単便利」は、お金にとってはそれほど良いことばかりではないということを知っておくべきだ。

心に鍵がかからないなら、手続きを面倒にしてしまおう。

05 「ATMでちょこちょこ引き出す」習慣を捨てる

お金を貯めるために、大事なことは「使うお金の金額」をきちんと把握するということだ。

会社勤めをしている人であれば、月に入ってくるお金はだいたい一定の金額だろう。そういう人は、「使うお金（支出）」が「入ってくるお金（月給）」を越えなければ、お金は自動的にふえていく。

では、**あなたは自分が月にいくらお金を使っているかきちんと把握しているだろうか？**

振り込まれた給与を銀行のATMからちょこちょこ引き出していると、総額でいったいいくら引き出したのかわからなくなってしまう。

自分が月にいくら使っているのかを把握したい人は、通帳記帳をしてから月単位の出金額を調べてみるといい。

おそらく月によってバラバラ、多い月もあれば少ない月もあるという感じではないだろうか。

これでは行き当たりばったりすぎて、お金の使い過ぎかどうかをチェックすることなど不可能だ。

月に使うお金をコントロールするには、**ＡＴＭからちょこちょこ引き出すのをやめて、一括でお金を引き出すことをおすすめする。**

たとえば、給与の振り込みがあった翌日に、生活費、７万円なら７万円きっちり全額を引き出してしまうのだ。

そうすることで、何度も何度もＡＴＭに並ぶ必要はなくなるし、給料日までにあといくら使えるかも目視で確認ができるようになる。

お金が減りすぎていれば支出にブレーキをかけるだろうし、余裕があれば少し良いモノを買う楽しみもできる。

もし途中でそのお金がなくなり、ふたたびＡＴＭに駆け込むことが出てしまったら、その月の生活費は赤字確定となり、翌月分の生活費を切り詰めなければならないということになる。

もし、**月に一回以上ＡＴＭでお金をおろすことになったら、自分にちょっとしたバツ**

ゲームでも科してみよう。

たとえば、通勤電車の中で絶対に座ってはいけない……とか。

これだけで、かなりムダな出費を減らすことができるだろう。

前項の口座の考え方にしてもそうだったが、**「お金を簡単に引き出せる」便利さが予算オーバーを引き起こす元凶**なのだから、それを取りのぞいてやればお金は貯まるようになる。

総合口座の便利さも、ATMの便利さも、貯金の敵だということをよく覚えておこう。

お金の管理はむずかしいと思い込んでいる人がいるがそんなことはまったくない。

要は、使えるお金と簡単には使えないお金を分けて置いておくだけのことだ。

使えるお金が決まっていれば、お金は自動的に貯まっていく。

06 「ボーナスで補てんすればいい」を捨てる

先日、家電量販店に行ったときのことだ。

店の中に、**「冬のボーナス一括払い!」**という垂れ幕がたくさん下がっているのを見て、なんとも言えない違和感を覚えた。

「『ボーナス』って言葉、いまだにあったんだな……」

長らく不況続きだった日本企業のうち、毎年「ボーナス」を支給している企業はいったい何パーセントくらいあるのだろうか。

このご時世でボーナスをもらえるのは、公務員か一部上場企業くらいではないだろうか。

日本企業の多くに、「年俸制」という企業に好都合な給与体系が導入されてからというもの、「ボーナス」はもはや絶滅危惧種のようになってしまった。

それに、そもそもボーナスは、業績が良いから支給されるのであって、業績が悪ければカットされてしまう。つまり、昨年もらえたからといって、今年も必ずもらえるとは限らないわけだ。

しかし、そんな都合はおかまいなしに、ボーナスをあてにした支払い方法はたくさん存在している。

住宅ローンやマイカーローン。

ローンを組んで大きな買い物をするときは、必ずボーナス期はふだん以上の支払額が設定されている。

家電量販店やデパートなどでもボーナスを当て込んだ広告をいたるところで見かける。

「もしボーナスが出なかったら、みんなどうするつもりなんだろう？」

大きなお世話だと思いながらも、私はそんな疑問を感じてしまうのだ。ローンを組むということは、借金をしたのと同じことだ。その借金を、支給されるかどうかわからないボーナスで補てんするという考え方は、危険な賭けをしているようなものだ。

このご時世でそんな恐ろしい賭けをし続けていたら、いつか生活が破綻するのは目に見えている。サブプライムローンのようなものだ。

この際、ボーナスをあてにするのはやめにして、**「ボーナスは支給されたらラッキー」**ぐらいの感覚でいた方が賢明だろう。

ボーナス本来の意味に立ち返り、**ご褒美をもらったら半分くらいは自分のために使って、あとは貯金に回す**ようにしたいものだ。

もともとなかったものと考えれば、貯金に回すのもそれほどむずかしいことではないだろう。

宝くじに当選することをあてにして、先に買い物に走る人はいない。

ボーナスは宝くじの当選と考えるくらいがちょうど良いのだ。

07 「切りつめる」貯め方を捨てる

お金を貯めることに夢中になりすぎて、度を越した節約をする人がいる。

いわゆる「守銭奴」のような人。ひとことで言えば「ドケチ」な人だ。

もちろん、節約することも、お金を貯めることも良いことだ。

大いにすべきだと思う。しかし、何事も度を越してはいけない。

「ドケチ」な人たちは、とにかく必要なものまで切りつめて、まるでなにかに取りつかれたようにお金を貯めようとする。

たとえば、友人の結婚式に招待されても、「ご祝儀がもったいない」という理由で出席を断ったり、はなをかむときに2枚重ねのティッシュペーパーを1枚にはがして使ったり、風呂の水を何日も替えなかったり、同僚の送別会に贈る花のお金を払わなかったり……。

まあ、細かなことだが「そこまでしなくても」と思うほどケチケチしているのだ。私もお金を貯めることを推奨している手前、「そこまでしなくてもいいでしょう」とは言いづらく、そういう人たちの扱いには手を焼いてしまうこともしばしば。

なんでもそうだが、「度を越してしまう」というのは考えものだ。

お金には3つの使い方がある。

「投資」「消費」「浪費」の3つがそれに当たる。

「投資」は自分の将来に役立つことにお金を使うこと。**「消費」**は今の生活のために必要な出費。**「浪費」**はいわゆるムダ遣いのことだ。

ドケチな人はどういう状態にあるかというと、「投資」「消費」「浪費」のバランスが3：7：0になっている。

つまり、「浪費」は一切しませんというのがドケチな人のお金の使い方なのだ。

「ムダなことにお金を使うな」ということは、私自身もこれまで拙著の中で述べてきたが、だからといって「浪費を0」にすべきだと言っているのではない。

なぜなら**「ドケチになりすぎると、人間としての魅力が欠如してしまう」**からだ。

人間という生きものは、ついついムダなことをしてしまう生きものだが、それも丸ごと人間の魅力なのだ。

たとえば、空を飛ぶことにあこがれて趣味でグライダーの免許を取得した人はムダな出費をしたのだろうか。

ドケチな人は、「グライダーの免許をとったって、それでお金がもらえるわけじゃないんだから、ムダな出費だ」と言うかもしれない。

だが、グライダーで大空に舞い上がった人は、空から見た地上の美しさを知っている。

それで人生が豊かになるなら、意味のある出費なのではないだろうか。

体験は、人の幅を広げてくれる大切な行為なのだ。

「投資」になるのか「浪費」になるのか、使った時点でわからないことはたくさんある。

ドケチな人は体験が乏しいから他人と共感し合えないし、良い影響を人に与えることもできにくい。これではいったい、なんのために生きているのかわからなくなってしまう。

「投資」「消費」「浪費」のバランスは2：7：1くらいがちょうど良い。

お金はバランス良く使うことが大切なのだ。

まったくムダなお金を使わないで、ずっと貯め続けていると、お金の適切な使い方がわからなくなってしまう。

そういう人はふとしたきっかけでバカなことに大金を使ってしまったりするのだ。

中年になってからはじめて行ったキャバクラで、キャバ嬢に恋をして大金を貢いでしまったり。ありもしないもうけ話を持ちかけられて、あっさり大金をだましとられたり……。

本人が、「だまされてお金を巻き上げられても幸せだ」と感じるならばなにも言わないが、誰も、そんなことのために必死でお金を貯めているわけではないだろう。

お金は、使いすぎると不幸をまねくが、反対にがめつく貯めるばかりでも不幸をまねく。「貯めること」自体が目的となってしまった人もまた、お金の奴隷なのだと心得よう。

お金に使われるか使いこなすかは、あなたの手腕にかかっているのだ。

08　「カネの話は下品」という刷り込みを捨てる

友人のお見舞いのために病院を訪れたときのことだ。

待合室で座っていると、隣で話をしている中年女性2人の会話が聞こえてきた。

A：鈴木さんの旦那さんが倒れたときはビックリしちゃったわよ、ほんと。
B：あんなに元気だったのにねえ。
A：それで、治療費を聞いたらもっとビックリしちゃってさ。
B：いくらくらいかかるの？
A：それがね、○○万円だって。
B：いやだ、高いわね。
A：そうなのよ。保険がきかない治療を受けるんだってよ。
B：お父さんに○○万円もかけるなんて、うちじゃ考えられないわ。
A：そうそう、まったく！　災難よねえ。

私はなんだか、いたたまれなくなってすぐにその場を離れた。
友人を見舞っているときもおばちゃん2人の会話がずっと耳に残ったままだった。
日本人は、どうもお金に関する「前向きな話」をするのが下手なようだ。

「あんなにもうけてるのだから、裏で悪いことをしているんだろう」

「良いモノだけど……どうせお高いんでしょ？」

「アイツはお金が欲しいから、クレームをつけているんだよ」

こんなお金にまつわるネガティブなヒソヒソ話は、よく聞くところだ。

そのくせ仕事の場面で金額交渉をしようとすると、相手はこんなことを言い出す。

「お金の話は、まあいいじゃないですか」

お金について話をしたがらない、したとしてもヒソヒソ話に終始してしまうのは、日本人が「お金」をどこか汚いモノとして認識しているからだろう。

お金自体は、汚くもなければ悪いモノでもないはずなのに、どうしてそういう認識になるのか。

理由は、その人がほんとうは誰よりもお金に執着してしまっているからだ。

お金に執着している後ろめたさから「お金は汚い」と必死になって否定してしまうのだ。

前向きなお金の話ができない人こそ、「もっとお金が欲しい！」と大声で叫んでいるようなものなのに……。

お金を稼ぐことを否定する人には、お金が寄りつかない。

たとえ言葉と心が裏腹であったとしても、お金を否定する発言をする人はお金が貯まらないものだ。

言葉には**「言霊」**が宿っている。

自分が口に出した言葉は、知らないうちに自分自身に催眠術をかけて、そのとおりの結果をまねくことになる。

ネガティブな発言ばかりしている人は、人生がうまくいかないからそんな話をするのではなく、ネガティブな発言をするから人生がうまくいかないのだ。

海外では、お金は人を幸せにするもの、誰かのために役に立ったときの対価として受け取るものと認識されている。

お金を受け取るとき、彼らは堂々としているし、対価を受け取ることに誇りすら感じている。

そうした**前向きな気持ちが新たな仕事を呼び込み、次の対価を受け取る権利をもたらす**のだ。

お金の話は下品ではない。

下品なのは、お金に対する考え方だ。

仕事をして、請求書を発行しない人はいない。

「お金の話はいいじゃないですか」などと言う時点で矛盾を抱えているのだということに気づこう。

そろそろ私たち日本人も、お金に対するキチンとした認識を持つときがきているのではないだろうか。

09 安いだけのバーゲンを捨てる

毎年、あるシーズンになるたびにいつも思うことがある。

「みんな、なぜバーゲンでモノを買うんだろう?」

私はバーゲンが好きではない。

なぜなら、バーゲンで買い物をして満足をしたことが一度もないからだ。

「なぜ? いつもの値段より安く買えるんだからお得じゃない」

たしかに、正規の値段で買うよりも30～50パーセントは安く買える。

だから、バーゲンになる前に欲しい商品を見つけておいて、お目当ての商品を買うためだけにバーゲンに行くなら大賛成だ。

しかし、「バーゲンで買わないと損した気分になるから」「とにかく安いから」という理由だけで、欲しくもない商品を買うと、後々必ず後悔する。

つまり、「安いから買う」というのは「それほど気に入っているわけではない」のに買うということなのだ。

私は「大好きなモノ、欲しくて仕方がないモノ」しか買いたいと思わない。

それ以外のモノは私にとってムダなモノに違いないからだ。

「安いから買う」という発想の人は、お金を貯めることができない。

ほんとうに欲しいモノを手に入れたときに、人は幸せな気持ちになれる。幸福感は長く続くだろうし、あなたが幸せになれば、それは周りの人にも良い影響を与える。

良い買い物とは、本来そういうものなのだ。

だが、安いモノ、お得なモノは、ほんとうに欲しかったモノではないので、手に入れた幸福感が薄くなる。

なかには、手に入れたことだけで満足してしまい、それ以降は見向きもしないモノだってあるはずだ。

クローゼットを開ければ、一度も袖を通していないバーゲンで買った服が、山のように押し込められていないだろうか。

自分にとって、ほんとうに欲しいモノ、必要なモノを見極めるには、**モノを値段で推し量ることをやめる**ことだ。

ほんとうに必要なモノは、どんなに値段が高かろうと安かろうと、その人を幸福感で満たしてくれる。

それは10万円のライダースジャケットがそうなのかもしれない。

100円ショップで売っているマスコット人形がそれに当たる可能性だってある。

バーゲンであってもあなたが最高に気に入ったモノであれば、それは迷わず買えばいい。バーゲンでなくても、「これは最高！」と思ったら、コツコツお金を貯めて買えばいい。

よく、ブランドで身を固めたお金持ちを見かけることがあるが、あれだって本人を幸せにしているかどうか、ほんとうのところはよくわからない。

心から気に入って買ったモノであれば、高価な洋服に身を包んだその人は幸福を感じているだろう。

しかし、「ブランドだから」という理由だけで、似合いもしないモノを買って身につけているなら、どんなに豪華に見えても、その人は幸せではないはずだ。

もし、自分がそういう人になっていないか不安なら、**部屋にあるモノを一度チェックしてみればいい。**

使わないモノがゴロゴロ転がっているようなら要注意だ。

今すぐそういうモノは処分して、ほんとうに必要なモノ、気に入っているモノだけ残すようにしてほしい。

そうすれば部屋もスッキリして快適になるし、自分にとってほんとうに必要なモノはなにかという基準がハッキリわかるだろう。

ふだん、いかにムダなモノたちに囲まれて暮らし、自分にとって必要なモノが意外に少ないことに気づいて驚くかもしれない。

第2章

ライフスタイルとお金

10　家計簿を捨てる

お金は、稼ぎ方を学ぶだけでなく、ちょっと「ライフスタイル」を変えてやりくり上手になるだけでもずいぶん貯められる。


ここで質問だ。

あなたは、「やりくり上手」と聞くと、どんなタイプの人を想像するだろうか？

「家計簿をつけて、細かく支出を管理している人でしょ？」

そう思った方も多いのではないだろうか。

たしかに、「何にいくら使ったのか」を詳細に記録している人は、ムダ遣いが少ないかもしれない。

「今月は交際費を使いすぎたから、外食を控えよう」

「電気代が上がったから、エアコンの設定温度を上げよう」

といったように、生活費にかかるお金をきちんと把握できている人は、やりくりもうまくいく。

しかし、あなた自身は今まで、家計簿をつけたことがあるだろうか？

「つけようとしたことはあるけど、三日坊主で終わった……」

そんなふうに答えた人が、かなり多いのではないだろうか。

そう。**「家計簿をつけることは、ムダ遣いをなくすために有効だ」とわかっていても、継続してつけられる人は意外と少ない。**

家計簿を続けられる几帳面《きちょうめん》な人ならば、とっくにお金が貯まっているはずだ。

正直なところ私も家計簿は苦手だし、これまで細かな家計簿をつけたことはない。

では、私やあなたのようなものぐさなタイプは、どうやってお金を貯めたらよいのだろう？

私自身いろんな方法を試してみて、やっと自分にあった支出の記録方法を見つけることができた。

それは、**「お金のノート」**をつけることだ。

「お金のノート」は、家計簿のように堅苦しくなく、とにかく簡単。

その日に買った「モノ」と「金額」を、ただノートに書くだけでいい。

「食費」「光熱費」などのように仕訳する必要はまったくない。

「○月○日　雑誌　９８０円」などのように、買ったらその場でノートに書き込んでいく。

できれば、ノートの大きさは、ポケットに入るくらいの小さなものがいい。

買ったらすぐに書かないと忘れてしまうからだ。ポケットから手早く取り出せる大きさが便利だ。

たったこれだけでかまわないので、とにかく**一ヶ月間続けてみてほしい。**

一ヶ月続けることができたら、一度その記録を見返してみよう。

すると、そこから自分の消費傾向がわかってくる。

私の場合は「酒」「パチンコ」「競馬」「洋服代」に大きな金額が並んでいた。

まあ、そのあたりのことは自覚があったので特に驚きはしなかったのだが、自分で気づいていなかったムダ遣いもいくつか発見することができた。

たとえば多額な保険料がそれだ。

当時の私は月額4万5000円もの保険料を支払っていた。

なぜだろうと思い返してみたら、勧誘員のお姉さんがかわいかったので、言われるまま保険に莫大《ばくだい》な死亡保障をつけてしまっていたのだった。当時、私は20代で独身だった。まだ、多額の死亡保障をつけるには早すぎる。当然すぐに保険は解約した。

「お金のノート」に「タバコ」の文字がうんざりするぐらい並んでいたのも印象深かった。

数えてみたら、月にして3万円はタバコ代に使っていた。

前から禁煙したいと思っていたこともあり、私はタバコをスッパリやめる決意ができた。「お金のノート」から「タバコ」の文字が消え去ったときの、爽快感は今でも忘れられない。

保険の解約とタバコをやめたことで、月額にして7万5000円の節約を達成できたわけだが、そのとき私がやったことと言えば、買ったモノと金額をノートに書いて見直しただけだ。「お金のノート」の手軽さとその実力が少しはわかっていただけただろうか？

お金は、根性や精神力だけでは貯められない。

「お金のノート」の素晴らしいところは、買ったモノを記録し、それを見直すだけで、使ったお金を可視化できるという点だ。

その結果、消費に対する意識が自然にコントロールされていくことになる。

買ったモノと金額をノートに書き込むのは、第1ステップ。
「お金のノート」には**第2ステップ**が存在する。

用意するのは3色ボールペンのみ。赤、青、緑など、色はどんな組み合わせでもいい。3色ボールペンを使って、ノートに買ったモノと金額を書き込んでいくだけなのだが、その際に、次の3種類に分類してほしい。

「投資」
「消費」
「浪費」

第1章でも説明したが、お金の使い方は大別するとこの3種類に分類できる。
「投資」は、将来の自分に役立つことに使うお金。
「消費」は、衣食住など生活するうえで欠かせないものに使うお金。

そして「浪費」は、意味のない遊興費（ダラダラした飲み会など）や嗜好品《しこうひん》（似合いもしないブランド品の購入など）に使うお金のことだ。

勘の良い人は、もうおわかりだと思うが、「投資」「消費」「浪費」にあたる金額を、用意した3色のペンで書き分けていくのだ。

たとえば**3色ボールペンの緑は「投資」、青は「消費」、赤は「浪費」**と決めたとする。昼にランチを食べたらそれは「消費」なので青色で記入。夜にフラッと居酒屋に入ったなら、「浪費」の赤で記入するといった具合だ。

それを一ヶ月続けてから見直してみれば、出費のバランスが色で可視化されているというわけだ。

もし赤い文字がたくさん並んでいれば「浪費」が多いという警告になるし、緑がまったく見当たらなければ、自分のために「投資」をしていないということがひと目で確認できる。

そのまま**記録を続けていくだけで、知らないうちに赤を減らそうと気をつけるようになるし、逆に緑をふやしたいと考えるようになっていく。**

そうやって出費のバランスが良くなったとき、お金のムダ遣いがなくなり、自分に役立つお金の使い方もできるようになっている。

「お金のノート」なら誰でも簡単に、使ったお金を記録することができる。効果もかなり期待できるだろう。より詳しく知りたいという人は、拙著の『お金の不安が消えるノート』（フォレスト出版）で詳しく解説しているので、そちらも参考にしてもらいたい。

日々の生活に追われている私たちに、めんどうな習慣を続けることなどできない。だが、シンプルな方法にしてしまえば、継続は可能だし、効果も絶大なものになる。

さあ、今日からすぐ試してみよう。

11　「夜型」のクセを捨てる

私は、一年を通して、日の出とともに起きている。夏場は4時、冬場は6時過ぎぐらいだ。

断っておくが、年をとったから朝早く目が覚めるわけではない。

意識して早く目が覚めるようにしているのだ。

以前の私は、毎晩遅くまで飲み歩く超夜型人間だった。

そんな私がなぜ早起きするようになったのかといえば、**「生活の時間帯」と「お金」には密接な関係がある**と気づいたからだ。


たとえば、**夜型の生活をしている人はお金を浪費しやすい。**


「よし！　今から飲みに行こうぜ！」と言って、朝6時から繁華街に繰り出していく人はいない。

「あー……酔っ払ったな。でも楽しいからもう一軒行こう！」

と居酒屋をはしごしたり、

「きれいなお姉さんのいる店に行ってみたいです」

と後輩にせがまれて、

「よし！ 俺に任せなさい！」

と気が大きくなってキャバクラで後輩におごりまくったりしてしまうのは、すべて夜の時間帯だ。


夜は、とにかく誘惑が多い。


家に帰ってテレビを観ているだけという人にも、夜の誘惑はひそかに忍び寄ってくる。

「通常価格3万8500円のところ、なんと！ 今回だけ9800円！」

「1万円ポッキリでの大奉仕！」

「しかも今、このスーパーミキサーを購入すると、なんと、小型のミキサーがもう1台ついてくるんです！」

「お！ 安いじゃん。えーと電話、電話……」

気がついたときには、料理なんか作ったこともないのに、ミキサーを2台も購入していた、なんてことになりかねない。

夜になるとお金を使いたくなってしまうのは一日のストレスが関係している。

疲れていたり、イヤなことがあったりしたときに、それを何かの形で発散したくなるのが人間というものだ。

「パーッと行きますか！」

「安いな！　これ、買いじゃない？」

は、お金を使うことでストレス発散してやろうという衝動によるものなのだ。

「だからといって、夜更かしをやめて朝型の生活に切り替えるというのはムリ……」

そんなふうに思っている人もいるだろう。

実は私も、早起きなんて大の苦手だった。

だが、あることに気づいてから、スムーズに朝型スタイルに切り替えられた。

それはズバリ、**「人間関係を変える」**ことだ。

付き合う人間によって、生活スタイルは激変する。

夜には夜の仲間というものがいる。

会社終わりに「これから一杯、どう?」などと声をかけてくるのはいつもだいたい同じメンバーだ。

飲みたい気持ちはなくても、このメンバーに誘われると、どうにも断れない。

自分一人だけなら寄り道しないでさっさと帰るのに、飲み友だちの存在があなたの足を繁華街へと向かわせてしまう。

ここは思い切って「今日は早めに帰るわ」と誘いを断ってしまおう。

「そうはいっても、上司からの誘いは、絶対断れませんよ！　関係がギクシャクするんじゃないかと思うと、断りづらくて……」

その気持ちはわかる。

しかし、**飲みの誘いを断ったからといって、上司との関係が悪くなることは、ない。**

万が一、飲みを断ったくらいで機嫌が悪くなるような上司なら、仕事に対するプロ意識がないダメ上司だと割り切ろう。

もちろん、仕事仲間とコミュニケーションをとることは大切だ。

しかし、コミュニケーションの方法は、なにもダラダラ飲みに行くことだけではない。

ランチに誘ってもいいし、トイレでばったり会ったときに話すだけだって、案外深いコミュニケーションができるときもある。

むしろ、飲みの誘いを断って早く帰ったとしても、その分、翌朝誰よりも早く出社して仕事をしているほうが、まわりの評価は上がるしコミュニケーションもとれる。

「おっ、早くからがんばっているね！」

「○○さん、早くからご苦労さま」

と、誰もが声をかけてくれるからだ。

とはいえ、夜型人間に対して「夜遊びを断とう！」と言うだけでは、なかなかモチベーションが上がらないだろう。

朝型生活にするためには、**朝ならではの楽しみを見つけていくことも大切だ。**

私の場合は、出社前に行われる「朝活」に出席することで、新たな楽しみと仲間を見つけることができた。

「朝活」とは、ビジネスパーソンや起業家たちが、仕事の前にカフェなどに集まって、いろんなテーマで勉強会を行うというものだ。

異業種の人たちが集まるので、新しい情報が手に入るし、仕事仲間が見つかったり、新しいアイデアが湧いたりすることもある。

朝の時間帯というのは、前日の疲れがとれて、脳がリフレッシュされているので頭が冴《さ》えているのだ。

今ではそういった朝の交流がどんどん進み、なかには朝からボウリング大会を開いたり合コンを企画したりと、早朝の時間帯をめいっぱい使って楽しむ人たちがふえているらしい。

夜型人間をやめて朝型になるだけで、ムダなお金を使うことがなくなり、仕事の良きパートナーが見つかったり、知識を身につけられたりと、メリットが大きい。

お金の女神がいるとするならば、間違いなく朝型人間に微笑むのだ。

一日は24時間しかないが、どの時間帯をフル活用するかで、充実度が大きく変わる。

お金持ちになりたいなら、朝を使いこなそう。

12 テレビを捨てる

「そんなものばっかり観てないで、早く宿題をやりなさい！」

子どもの頃テレビを観ていると、母親からよく叱られたものだ。

だが、そんな声など耳に入らないかのように、私はお笑い番組を観て大爆笑し、歌番組で好きなアイドルにくぎ付けになり、スポーツ番組で手に汗を握った。

私の子ども時代、テレビはいつも、最先端の情報を与えてくれる魔法の箱みたいだった。

今、私の家にテレビはあるが、**「観たい」と思う番組はほとんどないし、実際にテレビをつけることもあまりない。**

「田口さん、今流行っているあのドラマ、観てます？　おもしろいですよね！」

などと話をふられても、まったくついていけない。

なぜ、こんなにもテレビを観なくなってしまったのか――。

私自身が大人になり、**「情報の受け手」から、「情報の発信者」になった**ことが大きな要因だろう。

人は多かれ少なかれ、大人になると「情報の受け手」から「情報の発信者」になる。

たとえば、幼い頃お笑い番組が大好きだった子どもは、大人になってコメディアンになり、今度は「笑う側」から、人を「笑わせる側」に立つかもしれない。

また、スポーツ番組が大好きだった子どもは、大人になったらプロのアスリートになって、自分が「熱狂する側」から人を「熱狂させる側」になっているかもしれない
このように、「情報の受け手側」にいるよりも、「情報の発信者側」に立つほうが何倍もおもしろいし、やりがいだってある。

もちろん、誰もが有名なコメディアンや一流のアスリートになれるわけではない。

しかし、どんな小さな情報発信でもかまわないのだ。

想像してみよう。

タレントが温泉めぐりしている番組を観るより、自分が温泉に行き、その良さを味わい、ブログやＦａｃｅｂｏｏｋで人に伝えるほうが何倍もエキサイティングだろう?

大人になったら、**自分自身が次世代に向けて「情報を発信する側」に立とう。**

いつまでも、テレビをダラダラ観て「情報の受け手側」にいたのでは、「発信者」にはなれない。

情報の発信者になるということは、「お金を使う側」から「お金を生み出す側」になるということでもある。

考えてみよう。

民放の地上波番組を観るのは無料だが、ケーブルテレビなどを契約し、自分が好きな番組だけを観ようと思うと有料だ。スマートフォンのゲームアプリも、最初は無料だが、バージョンアップしようと思うと、お金がかかる。

情報の受け手はいつも、お金を使わされる運命にある。

だが、**自分が「情報の発信者」になれば、今度は反対にお金を得る立場になる。**

たとえばあなたが、おいしいラーメン屋の情報をブログで発信したとする。

その情報は無料でも、ブログのアクセス数がふえればアフィリエイトでお金を得られるかもしれないし、ブログを書籍として出版すれば、そこから印税を得ることができる。
つまり、情報を発信する側に立てば、それだけお金持ちになるチャンスがふえるということだ。

「でも、テレビを観るのをやめたからといって、自分がすぐに情報発信者になれるわけじゃないでしょ？」

と思う方もいるだろう。もちろん、そのとおりだ。

私の場合は、テレビを観るかわりに、本を読むことにしている。

情報を発信する側の人間には、膨大な知識とアイデアが必要だからだ。

世の中でおもしろいことをやっている人たちは、決してテレビのダラダラ観などしていない。本から良質な情報を得て、新しいアイデアのヒントにしている。

テレビのダラダラ観をやめたら、もう一つやってほしいことがある。

それは、**「自分と向き合う時間」**を作ることだ。

「自分と向き合う時間」とは、これまで自分がやってきたことを振り返り、これからどうなりたいか、何をすべきかをじっくり考える時間を持つということだ。

うまくイメージできない人は、元旦を思い出してほしい。

新年を迎えて新たな気持ちになるとともに、「今年はどんな年にしようか？」と自分自身とゆっくり向き合って考える時間を持つはずだ。

「自分と向き合う」とは、まさにそういうことだ。

「今の仕事で自分がやるべきことは何だ？」
「ずっとこの会社で働くことが、自分にとってほんとうの幸せなのか？」
「家族のために、いったい自分に何ができるだろう？」

自分への問いかけの答えが見つかったとき、きっとあなたの人生は豊かで充実したものになるだろう。高い次元の自分を目指す人には、お金も喜んで寄ってくる。

テレビでグルメ番組を観ても、その味はわからない。

しかし、現実世界で頭を使って行動すれば、何かが起きる。その結果「情報の受け手」から「発信する側」に立てる。

価値ある情報発信者になればなるほど、そこにお金も集まってくるのだ。

13 ギャンブルを捨てる

なかなかお金が貯まらないのは、「お金をムダに使ってしまうせいだ」ということはわかりきった話だ。

では、どういうときにムダ遣いするかといえば、そのときの感情と密接な関係がある。

人は、冷静なときはあまり散財しない。

お金をムダ遣いしやすいのは、「冷静でないとき」「感情がたかぶっているとき」が多いのだ。

特に**「負の感情」**に心が支配されてしまったときに、人はムダ遣いしやすい。

会社で上司の指示どおり仕事をしていただけなのに、プロジェクトが失敗したとたん自分のせいだと責任をなすりつけられた。

満員の通勤電車で立っていたら、ぐいぐい押されたうえに、反対側にいた人たちに自分が押している張本人だと思われてにらまれた。

高級レストランで30分以上も待ってようやく出てきた料理がたいしておいしくなかった。

節約を続けてようやく買ったお気に入りの車が、初日に傷つけられた。

人生のさまざまな場面で**「腹が立つ」**のはよくあることだ。

そこで冷静さを失い、「負の感情」が噴出してしまったら、たいていの人はその気持ちを発散するために、ふだんとは違う行動に出てしまう。

ある人は、ギャンブルに走って気持ちを発散するかもしれない。

ある人は、買い物で気持ちを晴らそうとするのかもしれない。

だが、ギャンブルをしたところで、ほとんどの場合がお金を散財したという事実しか残らない。

買い物に走った人は、家に帰ってからいらないモノを買ってしまったことに気づいて、自己嫌悪におちいるだろう。

それらの衝動的な行動では、負の感情を発散するどころか、ますます深みにはまってしまうことの方が多いのだ。

だからといって「腹を立てずに生きなさい」と言われても、人間なんだからそれはムリ。

こんなとき、何か良い解消法はないのだろうか？

私は、何か負の感情を抱くような出来事があった場合、**心が穏やかになる場所に行くことにしている。**

たとえば本屋さん。美術館。
自分が好きな場所に行くことで心を落ち着かせるのだ。
これは手軽にできるし、お金もあまりかからないのでおすすめだ。
コツとしては、ふだんから自分の好きな場所をリストアップしておくこと。
そうしておけば、何かあったときにすぐ思い出して行動することができる。

美容院や整体など、自分の身体のケアをしてもらうところに行くのも有効な方法だ。
身体のメンテナンスをしてもらうことで気持ちも一緒にリフレッシュできるので、効果があるはずだ。しかも、そういう場所では必ず**お店の人とのコミュニケーションが発生するから、楽しい気持ちを取り戻すための気分転換にはもってこい**なのだ。

映画『キューティ・ブロンド』の劇中で、主人公エル・ウッズは、身に降りかかった災難で気持ちがクサクサすると、必ずネイルサロンに飛び込んでいる。

そこでネイルケアをしてリフレッシュするとともに、ネイリストのポーレットに悩みを打ち明けることでストレスを解消し、問題解決の糸口までも見つけ出すことに成功する。

主人公のエルはお金持ちの娘なので、好きなだけ買い物をすることができるのだが、ストレス発散に良いのは、**「身体のメンテナンス」**と**「良き友人とのおしゃべり」**だということを経験的に知っていたのだろう。

負の感情に支配されそうになったら、自分の心を取り戻せる場所に駆け込む。

そんな避難場所をたくさん持っている人は、困難な人生をたくましく生き抜くことができるし、お金をムダ遣いせずにすむのだ。

14　ダラダラする時間を捨てる

最近は健康に気を使う人がふえてきたせいか、ランニングやウォーキングしている人を見かけることが多くなった。

駅前のジムをのぞくと、ガラスの向こう側でたくさんの人がトレーニングマシンに励んでいる。これだけの健康ブームの中、まったく身体を動かしていない人の方がめずらしい存在になりつつあるのかもしれない。

自分の健康について考え、具体的な行動を起こすのはとても良いことだ。

しかし、**「わかっちゃいるけど、できないよ〜」**という人も、これまた多いのではないだろうか。

日常の仕事や家事に追われていると、スポーツジムに通うのも大変だ。

ジョギングに出かける時間があるなら、せめて家でダラダラ過ごしたい、と思う気持ちもわからなくはない。

「高いお金を払ってジムに行っても、それでお金が稼げるようになるわけじゃないでしょ？　だったら、お金を使わず家でダラダラしていた方がよくない？」

そんな疑問の声も聞こえてきそうだ。

たしかに、運動をしたからといってお金は稼げない。

しかし、ジムで身体を鍛えている人たちが、いわゆる「浪費」をしているとは思わない。

多くの人たちが健康に気を使っているのは、健康ブームだからという理由だけではないからだ。

運動をしている人は、**自分の「今」ではなく「将来」の姿を見ている。**

もし、お金を貯めることができたとしても、それを使える頃に病気になってしまったらどうだろうか？

せっかく貯めたお金を好きなことに使うことができないばかりか、医療費に消えてしまう可能性だってある。

そんなことになったら、いったいなんのためにお金を貯めてきたのかわからない。

将来の自分が健康でイキイキ生活できるよう、自分へ「投資」しているのだ。

運動をすることと、お金を貯めることは無関係ではない。

アメリカでは太っている人は出世できない。

「太っていると生活習慣病になりやすいとわかっているのに、自分の体重をコントロールできないダメな人」というレッテルを貼られてしまう。

企業側からしてみれば、「自分の将来を想像できない人には会社の将来も想像できないのではないか？」と懸念するのは当然のことだろう。

「運動をしていない」というだけで、これだけ失うものが大きいわけだから、この損失をお金に換算してみれば、大きな損害になることもわかる。


話を元にもどそう。

運動の必要性を感じていたとしても、「やっぱり、続けられないよ」という人はどうすればよいいか。


そんな人は、まず**自分にあったやり方を見つけることが大切だ**。

運動が続かない人の典型的な例は、ハードルの高い目標を設定しすぎて、一日で挫折するケースだ。

今までジョギングをしたことのない人がいきなり10キロを走ろうとしたりすると、だいたいすぐに挫折してしまう。

はじめはあまり無理をせず、楽にこなすことができるメニューを設定しよう。

一つ一つクリアしていけば、「おっ、自分でも案外できる」と自信がついて、続けるのが楽しくなってくる。

また、自分一人では続けられないことでも、**仲間がいると続けられる**場合が多い。もし身近に「運動をはじめたい」と思っている人がいたら、声をかけて一緒にトレーニングをはじめてみるのも良い方法だろう。

トレーナーをつけるというのも一つの手だ。

ダラダラ過ごしても、適度な運動をしても、今はたいした違いを感じないかもしれない。

しかし、10年後、その差は明確な違いとなって表れてくる。

将来を見通す目を持とう。

15 ファストフードを捨てる

前項でアメリカでは太った人は出世できないと書いたが、20代の頃の私は体重が90キロもあった。


当時は塾講師の仕事に就いていたのだが、生活がかなり不規則だった。

仕事が終わるのが、午後10時。

それから後輩を誘ってキャバクラに繰り出し、朝まで飲み歩く。

明け方4時に、シメのラーメンを食べて解散。

昼は12時に起きて、ファストフード店で、ハンバーガーとポテトをほおばる。

夕方になって、小腹がすいたらポテトチップスを一袋たいらげる……。

こんな生活を毎日のように繰り返していたので、体重は加速度的にふえていった。

当時はまだ若かったので体調を崩すようなことはなかったが、あの生活をずっと続けていたら、間違いなく生活習慣病になっていただろう。


ファストフードは油分が多く、身体に脂肪がたまりやすい。

食物繊維などの身体に必要な栄養も不足しがちになる。

たまに食べるのならおいしくて良いのだが、毎日食べるとなると話は違ってくる。

将来、健康な生活を送るためには食生活にもじゅうぶん留意しておく必要があるのだ。


「でも、ファストフードは安くて手軽だから、食費の節約になるよね」


と思っている人もいるだろう。

特に独身男性にいたっては、一人分の食事を作るのはかえってお金がかかるし「節約のために」いつもファストフードですませるという人は多い。

しかし、彼らがお金を貯めているかと問われれば、残念ながらＮＯだ。

私だって、かつてファストフードばかり食べていた時代にお金が貯まったか、といえばそんなことはまったくない。むしろ実際にはその逆で、５００万円の借金を抱える身となってしまった……。

もちろん、ファストフードばかり食べていたことが、借金の原因ではない。

しかし、ファストフードばかり食べていたことと借金したことは、あながち無関係ではないのだ。

なぜなら、**「食」は、生きるうえでの基本だ。**

そこを「安かろう、早かろう」でおろそかにしてしまう人は、お金の管理はもちろん、生活全般に関しても、どこかいい加減になっていることが多い。

その証拠に、私のまわりの**お金持ちたちは、「食」をとても大事に考え、なるべく身体に良いものを選んで、こだわって食べている。**


実際に私自身も、夢中で借金を返済している頃は、ファストフードを食べるのをやめて自炊を基本としていた。

ファストフードは安いと思われがちだが、ハンバーガーショップでセットを注文したら600円くらいにはなる。毎食600円を外食で使うよりは、米を炊いて、お惣菜《そうざい》を買って家で食べる方がはるかに安上がりだ。

しかもそれを続けていると、私の身体はどんどんスリムになっていった。

さらに、太っているときはちょっとしたことでイライラしていたのだが、**食生活を改**

善すると、感情的になることが少なくなっていった。

食を変えるだけでこれだけの変化が起きるということに、私は驚いた。

もし「どうしても外食をする機会が多い」という人は、お金がかかっても、バランスのとれた定食などを食べられる店をチョイスするようにしてほしい。

お金を貯めることと逆行するように思われるかもしれないが**「身体が資本」**だ。

身体をこわしてしまったら、いくらお金を貯めたって、有効に使えないどころか医療費に消えていってしまう。

「安ければなんでもいい」という考えから抜け出すには、値段ではなく、モノの価値を知っておく必要がある。

モノの価値を見極める人になるには、日常生活の中で意識的に訓練するしかない。

フラッとファストフード店に引き寄せられていったら、**「自分はなぜこの店を選んだ**

のだろう?」と自問自答してみることだ。その答えが「安いし、おいしいからなんとなく……」であれば、あなたは思考停止している可能性が高い。

自分の身体が何を欲しているか、一生懸命自分自身と対話して聞き出してほしい。それこそが、将来にわたってあなたを幸せな状態に導く唯一の方法なのだ。

もっと自分を大切にしよう。

それが、お金持ちの道につながる。

16 冷蔵庫の中身を捨てる

私は年に数回実家に帰るのだが、そのときいつも思うことがある。

それは**「冷蔵庫の中がグチャグチャ!」**ということだ。

まず、冷蔵庫を開けると大量の食材がギュウギュウに詰め込まれている。

いや、それが食材なのかなんなのか、パッと見ただけで判別することすらむずかしい。ラップに包まれていたり、食品保存容器に入っていたりして、中身がなんなのか開けてみなければわからないのだ。

しかも、いったいいつから冷蔵庫に鎮座しているのか……。想像するのも恐ろしくなる。

驚くのはそれだけではない。

もっと恐ろしいのは**「冷凍庫」**だ。

そこにはまるで永久凍土によって何万年も前から氷漬けにされたマンモスの化石かと見間違う何かが横たわっているのだ。

私は、見なかったことにして、そのまま冷凍庫の扉を閉めてしまう。

「まあ、冷蔵庫なんてどこでも同じようなもんでしょ。そんなに細かいこと言わなくてもいいんじゃない？」

読者からそんな声も聞こえてきそうだ。

私が冷蔵庫の中身をとやかく言うのは、なにも私が几帳面《きちょうめん》な性格であることをアピールしたいからではない。


実は、「冷蔵庫の中身」と「お金が貯まること」の間には関係があるのだ。


ご存じのとおり、冷蔵庫はモノをたくさん詰め込むと、冷やす機能が低下する。たくさんモノが入っていれば、それだけ電気代もかかる。

食べもしないモノを大量に冷やし続けることに、どれだけのムダがあるのか考えてみてほしい。

また、冷蔵庫に残っている中身が何かわからなければ、買い物に行ったときに何の食材が足りていないのかもわからない。

当てずっぽうで買ってくると、食材がかぶってしまい、また冷蔵庫の中身をふやしてしまうことになる。

自分が何を持っていて、何を持っていないのか把握できない人はお金が貯まらない人だ。

だからあなたも、今すぐ冷蔵庫の中を点検してみよう。

「もったいないから」と言って奥深くにしまい込んだ食材たちを思い切って取り出し、賞味期限が切れているモノ、不明なモノは今すぐ処分することを強くおすすめする。

勘の良い人ならおわかりかと思うが、これは冷蔵庫だけにとどまった話ではない。クローゼットもしかり。

洋服がグチャグチャにしまわれていて、どこに何があるのか毎日探し回っている人などは、クローゼットも点検する必要がある。

こういう人は自分のワードローブを視覚的に把握できていないから、服を買うかどうか迷ったときに似たモノを何度も買ってきてしまう。

マヨネーズぐらいならまだいいが、何万円もするような洋服がかぶったのではショックも数倍だ。

同じような服がいくつも出てきたら、ネットで売るなり人にあげるなりして処分するようにしよう。

そうすれば、同じような服を買って「しまった！」と思うこともなくなるし、狭いと思い込んでいた自分の部屋に快適な広さを確保できるようになる。

私の場合は、仕事がら大量の本に囲まれて暮らしている。

だから、定期的にいらない本は古本屋に持っていくことにしている。

「３ヶ月に一度は本を整理する」と決めておけば、手がつけられない状態になる前に手を打つことができる。

洋服の場合は、季節の変わり目ごとにチェックすると衣替えと同時に整理整頓ができて手間もはぶけるだろう。

整理整頓は、「心を映しだす鏡」と言われるが、お金を貯められる人かどうかを見分ける基準にもなっていることを自覚してほしい。
あなたは冷蔵庫の中身を、人に見せられますか？

17　実家の生活を捨てる

カフェで編集者と打ち合わせをしていると、実にいろんな会話が耳に入ってくる。
一週間ほど前、こんな話が私の興味を誘った。

A：ねえねえ、そのバッグ買ったの？
B：うん、このあいだのボーナスで思い切って買っちゃった。
A：いいなあB子は。私なんかそんなお金ぜんぜんないよ。
B：何言ってんの。あなた、親と同居してるんだから、お金ないなんてことないでしょ。
A：だってないものはないんだもん。今月だってあともうこれしかないんだよ？
B：え！　うそ！　まじで？
A：まじだよ。

B：え――、どうすんの？　それで生活できんの？
A：だから私実家だし。ご飯とか寝るとこはあるから。
B：あ、そっか。心配して損した。
A：損したってなんなのよ！

聞いていた私としては、実家暮らしのAさんがおおいに心配になったわけだ。

一般的に考えて、親と同居している人と一人暮らしの人を比べたら、親と同居している人の方がお金を貯めているイメージがある。

親との同居はなによりも家賃がかからないし、電気・ガスなどの光熱費もかからない。しかも親と一緒に食事をすれば食費すらかからないわけだから、これはもう収入のほとんどを貯金にまわせるのではないかと考えてしまう。

しかし、これだけ恵まれた環境にいながら、彼女はなぜお金に困っているのだろうか？

それはズバリ、**経済的な自立ができていない**からだ。

収入から支出を差し引いた金額が貯金になるということは、誰にでも理解できるだろう。

自分の収入を把握していない人というのはおそらくいないと思うが、支出については人によって事情が違う。

一人暮らしをしているBさんは、自分が月にどれぐらいのお金を使っているかもちろんわかっているはずだ。

家賃がいくらで、光熱費や食費がいくらかかるかということは、一人暮らしをしている人ならだいたい答えられる。

Bさんは、自分の収入に見合った暮らしをしているからこそ、お小遣いで新しいバッグを買うことができたのだ。

ところが、Aさんは、月に自分がいくら使っているかをほとんど把握できていないだろう。

家賃も光熱費も親が支払っているから、明細を見ることもなければ、そんなものにお金が支払われているという自覚すら持っていない可能性だってあるわけだ。

支出がいくらかわからなければ、月に自分が使えるお金を計算できるはずがない。

彼女は自分が使えるお金がいくらなのか、知らないまま生きているのだ。

これでは、月末にお金がなくなってしまうのも無理はない。

「給料＝自分の小遣い」と思っている人はお金を貯めることができない。

そこから抜け出してお金を貯めることができるようになるには、思い切って親元を離れるしかないだろう。

一人暮らしをはじめれば、お金について真剣に考えざるを得なくなるし、お金がないときにすぐ親に頼ってしまう悪いクセをなくすことができる。

親の方も、精神的に子どもに頼ってしまっている部分があるから、少し距離をとった方が気持ちもしっかりしてくるものだ。

親も子も、お互いに依存し過ぎて馴《な》れ合いの関係になるのはよくない。

金銭的・精神的に自立してこそほんとうに良い関係が築けるのではないだろうか。

ぬるい場所にいるのは居心地がいい。

だけど、ほんとうの人生の喜びは、自立した者にしか与えられない。

大海原に船を漕《こ》ぎ出そう。

第3章

仕事とお金

18 「会社の奴隷」を捨てる

あなたは、今、自分が携わっている仕事に満足しているだろうか。

満足していないとしたら、今後どうすればいいのだろうか。

第3章では、**今までの仕事の常識を疑い、意識を変えていくことでお金が貯まる人になる方法**を紹介していきたい。


まずは、私自身の話をしよう。

現在、私は自分で会社を経営しているが、過去に会社で働いた経験も持っている。

私は20代後半まで塾講師として働き、その後は父親が経営する保険代理店を継ぐために、見習いとして数ヶ月間、外資系保険会社で営業の仕事をしていた。

塾講師の仕事も保険会社での営業の仕事も、どちらも仕事はとてもハードで、おおげさに言えば**「ブラック企業」**に限りなく近かった。

しかし、たとえハードさは同じでも、私にとって「塾講師」と「保険会社」の仕事では、精神的な負担がまったく違っていた。

塾講師の方が圧倒的に楽しく、保険のセールスはとても辛かったのだ。


小学生の頃から、人に何か話したり説明したりするのが得意だった私は、塾講師になったことでその力を遺憾なく発揮できた。

私の授業は生徒たちから人気があったし、彼らの成績もみるみるうちに上がっていった。もちろん、子どもたちの保護者や上司からも高い評価をもらった。

私は誰に命令されるまでもなく、どんな教え方をすればもっとわかりやすい授業になるのかを研究し、誰もいない教室で何時間も授業のシミュレーションをした。

休み時間も授業で使う資料を集めたり、ほかの講師が使う資料の準備まで喜んで手伝ったりしていた。私にとって塾講師とは、いくら働いても苦にならない天職の仕事だったのだ。

一方、次に勤めた外資系保険会社で、私は精彩を欠いていた。

話すことが好きなので、営業の仕事に向いていないわけではなかった。

営業成績もトップクラスだったし、残業はせずにさっさと家に帰っていたので、塾講師時代より自由になる時間も多かった。

しかし、保険商品を売れば売るほど、私はどんどん仕事が辛くなってきたのだ。

なぜか——。

トップクラスの成績をキープするために、あまり必要とされていない保険商品まで売らなければならなかったからだ。

心の中で、

「本当はこの人にとって、こんな保険はいらないんだよな」

と思っていても、ノルマを達成するためには、加入してもらわなければならない。

塾では、子どもたちにとって必要な知識を教えていた。しかし保険のセールスでは、顧客に必要のない商品まで売らなければならない。

つまり、塾講師の仕事とは正反対だったのだ。

私はそれがとても辛かった。

そこでハタと気づいた。


「……これは自分が本当にやりたい仕事じゃない」


たとえどんなに給料が高くても、営業成績が良かったとしても、自分がやりたくない仕事でお金を稼ぎ続けることはできない。

「そんな青臭いこと言ってられないでしょ？　生きていくためには、嫌な仕事だってしなきゃならないんだから」

そんなふうに考える人も多いかもしれない。

しかし **「会社の奴隷」** のように働き続けたとしても、そのストレスはいつか爆発する。お金を浪費してしまったり、ウツになったり、最悪の場合、自殺してしまうこともあるのではないだろうか。

誤解のないように言っておくが、私は、保険の仕事が悪いと言っているわけではない。保険は、私たちの生活を守るために必要なものだし、顧客のライフプランを考えながら、適切な保険を、求めている人に販売することはとても重要な仕事だ。

ただ、ノルマをこなすためだけに、必要のない保険を販売しなければならないことが辛かったのだ。だから私は、一刻も早く保険の仕事から足を洗いたかった。

とはいえ、父と母が興した会社を、私の代でつぶすわけにもいかない。私は覚悟を決め、父とぶつかりながらも営業方法を改革し、7年間かけて、傾いていた会社を立て直した。

そして、なんとか経営を他人に任せられるまでになり、私は現在の仕事にシフトできた。

「でも、それは営業能力がある田口さんだからできたんでしょう？　一般の人たちは、好きでもない会社で一生働くしかないんですよ」

必ずそう反論する人がいる。

しかし、ここではっきり「NO」と言わせてもらおう。

なにも私は、特別な能力を持っているわけではない。大学に入るまでに二浪もしたし、そこまで苦労して入学した大学なのに、わずか一年半で退学してしまった。

ある意味では、**おちこぼれ人間**だ。

ただ私は**「自分の心にウソをつかない」**という信念だけは持っていた。

かりに、パワーハラスメントをしてくる上司がいるのに、「ほかに仕事がないから、我慢するしかない」などと泣き寝入りしたりしない。

きちんと話し合いをして、もし上司が態度を改めてくれないなら、そんなブラック企業は辞めてしまうだろう。

しかし、世間一般的には、**「この会社を辞めたら、ほかに雇ってくれるところがない……」**などと思い込んでしまい、ブラック企業の言うなりに働いている人たちがいる。

これでは、いつまでたっても「会社の奴隷」から抜け出せない。

自分の望まないものに必死にしがみついていても、そのうち力尽きて手を離してしまうことになる。

それでは、お金が貯まるどころか貧乏になる一方だ。

まずは、「会社の奴隷」思考を捨て、限界が訪れる前に次のステージに飛び移ろう。

19 「やりたくないこと」を捨てる

「仕事っていうのは、どんなに辛くても耐え抜いてがんばらなきゃダメなの。お客さまに言われたことは何でも聞き入れて、精一杯努力しなさい」

これは私が家業の保険代理店を継いだ頃、ことあるごとに母から聞かされたセリフだ。

私の母に限らず、日本企業やそこで働く人たちは彼女のような考え方をしている場合が多いのではないだろうか。

実際に、最近問題になっているブラック企業と呼ばれる会社は、**「努力」**や**「根性」**、**「忍耐」**といった体育会系な言葉が飛び交う職場であることが多い。

根性論は往々にして過度な自己犠牲を強いてしまい、たんなる「会社の奴隷」になってしまうので注意が必要だ。

私は、冒頭の母のセリフが出るたびに思った。

「辛いことを耐えるのが仕事って、なんか変じゃない？」

会社の創業者である父母に敬意を払い、私は母の言いつけ通り顧客の言うことには逆らわず仕事をしていた。

だが、父母の人脈でやってくる顧客たちは、理不尽な要求ばかりしてくる。

そういう人たちの対応に追われてあっという間に1日が終わり、1円の売り上げにもなっていないことに気づいたとき、私は愕然《がくぜん》とした。

そして次の日も、またその次の日も同じことが繰り返されていくうちに、私は心の底からこう思うようになった。

「もう、このお客さんの対応はしたくない」

私は父母の顧客たちをあきらめ、新規客の獲得に切り替えた。

当然母親は烈火のごとく怒ったが、私はゆずらなかった。

売り上げにつながらない顧客に割く時間を、新規客の対応に切り替えれば、必ず売り上げは伸びると確信していたからだ。

最初のうちは多少の混乱があったものの、しだいに理不尽な要求をしてくる顧客はいなくなり、売り上げに貢献してくれる優良な顧客がふえていった。

一時は親子関係に亀裂が入りかけたが、売り上げがふえたことでようやく両親も私のやり方を認めてくれるようになった。

「やりたくないことをやめる」というのは、たんなる「わがまま」だと誤解されることが少なくない。

だが、本来**仕事というものは、「忍耐ではなく、利益を生み出す仕組みを考えること」**のはずだ。「顧客のためになること＝売り上げ増につながる」とシンプルに考えれば、意味のない根性・忍耐論は捨てて、新たな改革をすすめることができる。


「田口さんは簡単に言うけど、ウチの会社でそんなことをやったらとんでもないことになるんですけど……」


たしかに、新たな提案をすると摩擦が起きる。

ましてや、古いやり方を否定するのだからなおさらだろう。

しかし、おかしなやり方に従い、おとなしく会社の奴隷であり続けたとしても、あなたは「稼げる人」にはならない。

それならば、**あなた自身が会社での働き方を変える努力をしなければいけない**し、それを受け入れてくれない会社であれば、そこがあなたのターニングポイントだと考えればいい。

会社は、あなたを「使えない人材（思い通りに動かない人材）」と判断するかもしれないが、あなたにも、自分にとって働く意味のある会社かどうかを判断する権利があるのだ。

何がやりたいのかわからない人は、まず「やりたくないことをやめる」ことから始めよう。

それを続けていくうちに、自分がほんとうに大事だと思える何かが残る。

それこそが、あなたがやるべきほんとうの仕事だ。

やりたくないことをやらなくても人は立派に生きていけるし、それを実践している私という前例だっているのだから。

自分にウソをつけば、自分に復讐《ふくしゅう》される。

自分に祝福される生き方をしよう。

20　「才能がないから」という言い訳を捨てる

『俺はまだ本気出してないだけ』というタイトルの映画がある。

40歳を過ぎたバツイチ子持ちの男が、突然会社を辞めて漫画家を目指すというストーリーだ。

私は、そのタイトルにとても興味を惹《ひ》かれた。

何かをやろうと決意したものの、うだうだとして何もしない人が言い訳している様が頭に浮かんできて、ついつい笑ってしまうのだ。

この映画の主人公と同じように、自分のやりたいことを見つけたのに動き出せずに言い訳ばかりしてしまう人は世の中にたくさんいる。

「俺には才能がないからできないんだよ……」

「やろうと思ったけど、お金が足りないんだよね」
「一緒にやるって言ってた仲間が降りちゃって」
「家族に反対されてね……」

言い訳は動き出せない人の数だけ存在している。
あなたもこんなセリフをどこかで聞いたことがあるはずだ。
けれど、私はこういう人たちを決して否定しているわけではない。

言い訳をして動けずにいる人には**「可能性」**がある。

なぜなら、言い訳をする人は自分のやりたいことが見つかった人だからだ。

やりたいことが見つかっていない人は、「やりたいけどできない」というジレンマにおちいることすらないし、その時点ではノープランなのだから、何をどうすることもできない。

逆にやりたいことがあるのに何か障害があってできないと言っている人は、その障害さえ取りのぞくことができれば動き出せる。

言い訳をする人は、まさに今スタートラインに立ったばかりの人というわけだ。

「できないって言ってるんだから、スタートラインで転んだ人なんじゃないの?」

そうではない。

先ほどいくつか挙げた「できない理由（言い訳）」をもう一度よく見てほしい。

才能がないと言っている人は、まだ自分が何のチャレンジもしていないのにそう決めつけてしまっているだけだ。

才能があるかどうかは、何かをやり続けなければ判断することはできないし、それを決めるのは本人ではなく第三者だ。

やってもみないうちから才能がある・ないを決めることはできないのだから、本人の思い込みにすぎない。

「案ずるより産むがやすし」

やってみたら意外にできちゃったなんてことはいくらでもある。

ほかの言い訳にしたって同じだ。

お金がないなら銀行に借りに行けばいいし、仲間がいなければ探せばいい。

家族に反対されたなら、何度もていねいに説明して説得すればいいではないか。

言い訳ができるということは問題が具体的になっている証拠なのだから、あとはその問題を解決してやれば前に進める。

答えの出ない問題など、この世にはないのだ。

「お金がないなら借りれば？　って言うけど、そんな簡単に銀行はお金を貸してはくれないでしょう。やっぱりそれって理想論なんじゃないですか？」

かつての私も同じことを思った。

塾講師時代、私は講師仲間と一緒に理想の塾経営についていつも語り合っていた。

当時の塾長の経営方針が私たち講師の思いとはかけ離れていたからだ。

塾長のやり方にどうにも我慢ができなくなった私たちは、ある計画を思いついた。

それは、講師仲間で新しい塾を立ち上げ、そこに全員で一気に移籍するというものだった。

私たちは理想の塾に胸を膨らませたが、やがて一つの壁にぶち当たった。

それは、塾を立ち上げるための資金をどこから調達するか、ということだった。

お金の話になったとたん、私たちの士気はガクンと落ちた。

そして誰も具体的な案を出せないまま、最終的にはこんな結論になった。


「お金がないからちょっとむずかしいよね……」

誰も銀行で借りようとは言い出さなかった。

「絶対ムリ」という思い込みが私たち全員の中にあったからだろう。

あのとき、もし代表者を決めて銀行に借りに行くという具体的な行動に出ていたら、道は開けたかもしれないのに――。


私の知り合いに**「お金がないなら借りればいい」**を実践して目的を達成してしまった人がいる。

横浜に住んでいる女性で、エステサロンを開業した人だ。

開業資金に必要なお金は1000万円だったが、彼女が集めることができたのは400万円。

そこで彼女は知り合いの社長のところへ行き、自分が何をやりたいのかをプレゼンし、600万円の融資を頼み込んだ。

しかし、社長は彼女のプランの甘さを指摘し、それでは融資できないと断った。

彼女はそこであきらめず、修正プランを持って再度社長の元を訪れた。

社長はプランの問題点を指摘し、彼女はまた持ちかえって修正をする。

そんなことが何度も繰り返されたあと、ついに彼女は社長から600万円の融資を受けることができたのだ。

世の中は甘くないから、そんな簡単にお金を借りられないのは事実だ。

だが、彼女のように具体的な行動を起こした人は、自分に何が足りないのかを知ることができる。

足りないものを補い、プランをブラッシュアップしていくことで彼女は確実にレベルアップしていったのだろうし、融資を決めた社長の方も、情にほだされたわけではなく最終的に完璧なプランを見せられたことで気持ちが動かされたのだ。

自信がなくて、言い訳ばかりしてしまう人は、むしろ今がチャンスなのだということに早く気づいてほしい。

やりたいことが見つかったあなたはそれだけでもう幸運なのだ。

入口が見つかったなら、あとはその扉を開けて進むだけだ。

自分を信じて動いた人だけが、理想の未来を手に入れられる。

21 「マルチプレイヤーになる」目標を捨てる

何かの分野で成功している人を見ると、私たち一般人とはかけ離れた**「何でもできるスーパーマン」**を想像してしまいがちだ。

「あの人みたいに何でもできる人になんてなれないや。自分は人並みに生きていくことにしよう」

こんなふうにあきらめてしまう人もいれば、

「よし！　俺もあの人のようなマルチプレイヤーになってやるぞ！」

と、奮起する人だっているだろう。

私の考え方は、そのどちらでもない。

私自身は、**「何でもできるスーパーマンを目指す必要はない」**と思っている。

人には誰でも「得手・不得手」があるからだ。

数字が苦手だったり、細かい仕事が苦手だったり、営業が苦手だったり……。


それは成功者だって例外ではない。

何かで成功したからといって、すべてのことに精通しているわけでもなければ、すべての仕事をたった一人でやっている人などいるはずがない。

「成功者＝何でもできる人」は、たんなる幻想にすぎないのだ。


何かを成しとげようとする場合には、すべてのことに精通している必要はない。

たった一つのことにずば抜けている人の方が、成功する確率は高くなる。

成功者たちのほとんどは、自分の得意なことを伸ばしつつ、苦手なことは人にお任せするというスタイルをとっている。

自分に「できること」と「できないこと」を把握して分業制にしてしまうことで、効率も精度も上がるのだ。

前項でご紹介した横浜のエステ経営者は、自分の興味のあることにはとても勉強熱心で行動力もあるのだが、それ以外のことになるとまるでダメという極端な人だ。

レンタルショップに行ったはいいが、どうやったらDVDを借りられるのかわからずに困り果ててしまったというエピソードを持っているくらいだ。

たとえ自動改札を抜ける方法がわからなくても、バスの料金システムが理解できていなくても、成功する人は成功する。一つのことに長けていればほかはそれほど問題ではないという良い例だろう。

人に助けられ、人を助ける関係を作る人は、スーパーマンにはなれなくても、喜びを分かち合える人になれる。

笑顔に囲まれている成功者になろう。

22 「リスクをとらない人生」を捨てる

誰でも、**自分の人生で失敗はしたくない**、と思うのがふつうだろう。

「できるだけリスクは避けよう。だって、前例のないことをして失敗したら人生に汚点を残すじゃないか！」

世間を見ていると、そんなふうに考えている人が多いようだ。

失敗を避ける考え方は、個人にとどまらない。

企業が過去の成功例にならってビジネスモデルを検討したりするのも、「成功はしたいけど失敗は絶対イヤ」という気持ちが表れている。

こうした**前例踏襲主義**は、大きな失敗を防ぐ防波堤になってくれるので安心感はあるのだろうが、別の問題を生み出す原因にもなっている。

私の知り合いのFさん（45歳　男性　既婚　菓子メーカー勤務）は数年前、部下からある提案をされた。それは、

「某人気アニメが自社の新製品のイメージにピッタリなため、コラボレーションしてはどうか」

というものだった。

Fさんは部下の意見にとても興味を持ったのだが、会社として過去にアニメ業界と組んで仕事をしたことがなかったために、二の足を踏んでいたのだ。

結局Fさんは部下の提案を退け、冒険はしないことにした。

ところがその数カ月後、ライバル会社がその人気アニメとタイアップした商品を開発、大ヒットしてしまった。

ビジネスチャンスを逃したことで、Fさんの社内での立場は悪くなり、部下は会社の保守的な経営に失望して転職してしまったらしい。

このように失敗しないやり方というのは、大きなチャンスを逃す危険性もはらんでいる。

革新的な商品を世に送り出す人は、前例を気にせず独創的なアイデアで勝負している。

ｉＰｈｏｎｅを開発したスティーブ・ジョブズは、前例を踏襲するどころか、既成概念を打ち破ることばかり考えていた人だった。「失敗をしたらどうしよう……」などとは微塵《みじん》も考えず、**「新しいことをやるんだから、失敗くらいするだろう」**と思っていたに違いない。

「前例にないことをやれと言われても、何をやったらいいのか見当もつかないんですけど……」

たしかに前例に従うのは簡単で、新しいことを思いつくのはとてもむずかしい。

革新的なことをやっている人たちはいったいどのような考え方で仕事をしているのだろうか。

ここでもう一度、横浜でエステサロンを開いた女性を例に挙げよう。

彼女はもともとスキューバダイビングのインストラクターをしていた。大好きなことを仕事にした彼女はインストラクターとしての才能を開花させ、メディアでも取り上げられるほどの人気があったそうだ。

だが、彼女はあるとき、インストラクターの仕事をスッパリと辞め、女性専用スポーツジムの会社に転職してしまう。

「スキューバダイビングが嫌いになったわけじゃないんですよ。でもこっちの仕事もとても楽しそうだったから」

彼女がスポーツジムの社員として働きはじめると、店舗の売り上げは急上昇、あっという間に地域ナンバーワン店になってしまった。

それを聞きつけた他店のオーナーたちが次々と彼女の元に集まり、「うちのコンサルタントをしてくれないか?」と頼まれるようになった。

仕事好きな彼女は、頼まれるまま依頼を引き受け、気がついたときにはスーパーバイザーというまったく前例のない立場を築いてしまっていたのだ。

彼女はおそらく既成概念を打ち破ろうとか、革新的なことをしようと思っていたわけではない。**「自分が楽しいと思えることを素直にやった」**のだ。

目の前に選択肢ができたとき、楽しい方、ワクワクする方へ舵《かじ》を切り続けることで、新しい世界への扉は開くのかもしれない。

前例にとらわれず、前例を捨ててワクワクする方向へ進もう。

23　ビジネス書を捨てる

まず断っておくが、見出しを読んで、**「え?　この本もビジネス書じゃないの?」**と私の本を捨てたりしないでいただきたい。

ビジネス書を読むこと自体は勉強になるし、本を手にした時点でその人は自分の人生にちゃんと向き合っていると言える。

本には優れた知識が詰まっているし、先人の教えから何かを学ぼうとするなら最良の方法だ。

「じゃあいったい何を捨てろというの？」

私が保険の営業をしているとき、営業成績を上げるにはどうしたら良いか考え、それに関するビジネス書を読みあさっていた時期があった。

優れた本を読み終えると、まさに目からうろこが落ちる。

そしてまるで自分が一流の営業マンになったような気になる。

そんなスッキリとした気分のまま、私は何もしないで寝てしまった。

当たり前のことだが、**本を読んでも実践しなければ、何もしていないのと同じ**だ。

読後のスッキリ感に酔いしれ、まるで自分が何かを成したような気分に浸ってしまうことは誰にでもある。

だが、ビジネス書に書かれている優れた知識は、行動してこそ真価を発揮するのだ。


私のセミナーに来てくれるお客さんの中にこんな男性がいる。


「田口さんの本、買いました！」

「ありがとうございます」

「田口さんの今日のセミナーもとても参考になりました！」

「そうですか。それは良かったです」

「で、ほかには何かないんですか？」

「え？」

「いやだから、ほかにもノウハウがあれば教えていただきたいんですけど？」

「………」

あらゆるノウハウ本を乱読したり、セミナーに参加したりする人には、知識欲の旺盛な人が多い。

それ自体は良いことなのだが、この男性のように、ノウハウを知ってそれを実践するのではなく、ノウハウコレクターになってしまって、本来の目的を見失っている人も少なくないのだ。

使わない知識なら、いくら集めても意味はない。

私がビジネス書を読んで、それを実践できていない自分に気づいたとき、一つのルールを自分に課すことにした。

それは、**「本に書かれているノウハウを絶対に一つ実行する」**ということだった。

全部実行しようとしてもムリなので、一つというルールにしたわけだが、これは予想以上にうまくいった。

ノウハウを実践してそれが役に立つと証明されると、ちょっとした成功体験を味わうことができる。

私は小さな成功体験をもっと得ようと、本に書かれていることを次々に実践していった。一つ一つは小さくても、数がふえてくるとその効果は絶大なものになっていった。

知識オタクやノウハウ好きな人には、まじめな人が多い。

こまめに朝活に参加して人の話を聞いたり、誰かの講演会があると必ず顔を出していたりする。

勉強熱心なのはいいのだが、自分では何もしない、動かない。

知識を集めても使わなければ宝の持ち腐れになってしまう。

いわゆる「雑学王」と呼ばれる人たちにあまりお金持ちがいないのは、知識を蓄えることばかりに夢中で、使うことには関心がないからなのだろう。

この本を手に取った本来の目的は何だったか、あなたは覚えていますか？

24 「いい人」を演じるのを捨てる

セールスで一番大事なことは、売り手が商品に自信を持っているかどうかだ。この一点があるかないかで売り上げは大きく違ってくる。

例えばあなたが、新車を買いに行ったとしよう。

試乗して、乗り心地も良い。価格も予算の範囲に収まる。しかし、いざ購入の意思を伝えようとした瞬間、担当のディーラーが申し訳なさそうな顔をしてこう言ったらどうだろう？

「あ、あの……。もし良かったら、この車、買ってください」

盛り上がっていたあなたの購買意欲は完全にそがれ、その場をそそくさと立ち去ってしまうことだろう。この場でディーラーが言わなければならないセリフはこうだ。

「どうです？　最高の乗り心地でしょう。自信を持ってこの車をおすすめします！」

車は大きな買い物だ。

お客さん自身も、自分の決断を後押ししてくれるような、こんな力強い言葉を待っている。

日本人は、遠慮や謙遜を美徳とする傾向にあるが、ことセールスにいたってはそうした日本人的感覚はまったく通用しない。

だいたい人に商品をすすめているのに、「もし良かったら……」などと言われたら、相手は「もしかして、この商品に何か不具合でもあるんじゃないか」と勘ぐってしまう。

それならば自信を持って、「良いモノですから買ってくださいね！」と言われた方が、相手も気持ちよく購入に踏み切れるというものだ。

自信なさげなセールスも困りものだが、逆に高圧的にモノを売りつけてくる人もいる。

どこかで聞いたことのある営業トークをマシンガンのように浴びせかけ、こちらが「買う意思はない」と言っても一歩も退かないその姿勢は、会社で叩《たた》きこまれた営業マニュアルそのままを必死になってしゃべっているにすぎない。

こういう営業もまた、自分の扱っている商品に自信を持っていないことの裏返しなのだろう。

自分が売っている商品に自信があるなら、遠慮や謙遜はいらない。

自信を持って相手にすすめよう。

自信があればできるはずだし、そうでないモノを相手にすすめることほど失礼なことはない。

私が保険の営業の仕事をしていた頃、私は自分が扱っている商品に自信が持てなかった。

だから、お客さんの前に行っても、いま一つ態度が煮え切らず、

「うーーん、そうですね……。お客さまなら、おそらくこちらの保険商品が良いかと思いますが……。もしよろしければ加入していただけませんか……」

などと、口をもごもごさせながら遠慮がちに話していた。今考えれば、本当に失礼な話だ。

現在私は、講演会やセミナーなどで自分の本の宣伝をすることがあるが、自信を持ってこう言っている。

「私の新刊が出版されました。すごくおもしろくて役に立つ本なので、みなさん絶対に買ってくださいね！　お知り合いにもすすめてください」

もし、すすめているモノに自信がなくて、遠慮や謙遜をしてしまうのだとしたら、そ

ろそろ次のステージに移ることを考えよう。

いつまでも自分のやりたくないことを続けていても、お金はなくなるばかりで「お金持ち」にはなれないし、流されていたら人生なんてあっという間に終わってしまう。

遠慮や謙遜する余地がないほど、自信を持ってすすめられることを仕事にするのだ。

それこそが、「お金持ち」になる一番の早道だと心得よう。

25　埋め尽くされたスケジュール帳を捨てる

あなたは他人のスケジュール帳を見せてもらったことがあるだろうか？

私が見たことのあるそのスケジュール帳は、細かい文字がビッシリ並んでいて、余白がないくらい予定で埋め尽くされていた。

スケジュール帳の持ち主は知り合いの女性編集者だったのだが、私が驚きながら見ていると、彼女は笑いながらこう言った。

「私、スケジュール帳に空白があると怖くて仕方ないんですよね」

なるほど。よく見ると仕事関係だけではなく友だちとの待ち合わせや英会話教室の予約など、プライベートの予定もたくさん書かれている。

平日はもちろん、土日にもまったく隙間がない。

「忙しそうにしてるなあとは思ってたけど、これほどまでとは思わなかったよ」

「自分で予定入れちゃってるだけなんで。ほんとうは忙しいってわけでもないんですけどね。田口さんのスケジュール帳の方がもっとすごいことになってるんじゃないですか？」

私はそういう彼女に自分のスケジュール帳を開いて見せた。

「えっ？　これだけ？……あ、ごめんなさい。意外と予定、少ないんだなあと思ってしまって……」

私のスケジュール帳には空白が多い。
だからといって仕事に困っているというわけではない。
私は努力してスケジュール帳にできるだけ空白を作るようにしているのだ。

「空白が多いってことは、何もしない時間を作るってことですよね。なんでそんなことするんですか？　田口さんはいつも時間をムダにするなっておっしゃってますよね……？」

女性編集者がきょとんとした顔で私を見たのもムリはない。
彼女にしてみれば、日ごろ時間の使い方にこだわっている私がむしろ逆のことをしているように見えたのだろう。

彼女がスケジュール帳を埋め尽くすのは、仕事やプライベートを充実させたいという願望があるからだろう。「何もすることがない時間＝充実していない恐怖の時間」ということになるのかもしれない。

だが、それはほんとうの意味で充実していると言えるのだろうか――。

自分の時間を予定で埋め尽くしてしまえば、あとはそのスケジュールに従って動けばいいだけだ。

身体を動かしていれば仕事にしろ、プライベートにしろ**「何かをやっている感覚」**にはなれる。しかしただ予定をこなしているだけになりがちだ。

時間はどんな予定で埋めるかよりも、何に使うかが大切だ。

やたらとスケジュールを埋め尽くすのは、思考停止するのと同じだ。

私がなぜ空白の時間を積極的に作るかと言えば、それは**「自分と向き合う時間」**がほしいからだ。

「自分と向き合う時間」とは、今まで自分がやってきたことを振り返って反省し、そこから未来に向けて何をしていけばいいのかを考える時間のことだ。

もしこの空白の時間がなければ、私はものをじっくり考えることができないし、予定に忙殺されてそのまま流されて生きていくことになるだろう。

もう一つ、私が空白の時間を作る理由がある。

それは、**大事な人との出会いを逃さないようにするため**だ。

人との出会いは、自分の人生を大きく変えてしまうほどの影響力を持っている。

もし自分が尊敬している人物に会えるチャンスが来たときに、予定がぎゅうぎゅうに詰まっていて身動きがとれない状態になっていたら、貴重な出会いを逃してしまう。

つまらない予定に振り回されて大事な機会を逃してしまったのでは本末転倒もいいところだ。空白の時間は、フットワークを軽くしておくという意味でも、とても重要なのだ。

仕事やプライベートで忙しく立ち回っている人を見ると、

「あぁ、あの人はきっと充実した毎日を送っているんだろうなあ。あれだけやっているんだからお金も稼いでいるに違いないよ。うらやましいなあ……」

と感じることがあるかもしれない。

けれどそれは見せかけで、本当は自分で自分を忙しくしているだけで、お金だってそれほど貯まっていなかったりするものだ。

逆に私の知っている起業家たちは、忙しいはずなのにいつ連絡してもつながるし、気軽に私と会ってくれる。

仕事ができる人は、自分のための時間を作るのもうまいのだ。

スケジュール帳を埋め尽くしても、充実した毎日は送れない。
自分のやるべきことは自分の心の中にある。

第4章

人間関係とお金

26 「飲み会は自己投資！」という言い訳を捨てる

仕事をする上で人との関わりは避けて通れないものだ。

会社や取引先との人間関係を良好に保つことも、ある意味仕事の一部だと言えるだろう。

こうした**人間関係は、一見お金を貯めることとはつながりがないように思えるが、実はそこには密接な関係がある。**それを、第4章では解説していこう。

先日、丸の内で打ち合わせを終えた私が駅までの道のりを歩いていると、後ろから大きな声で話をしている2人組の男たちの会話が聞こえてきた。

Ａ：お前さ、付き合いが悪いと損するよ。

Ｂ：でも、さすがに今日はちょっとやらなきゃいけないことがあるんで……。

Ａ：そういうわかりやすい言い訳をするなって。

Ｂ：いや、言い訳じゃないんです。今、資格を取るために勉強してるんですよ。
Ａ：自己投資ってやつか、いいねえ。だけど俺と飲むのも自己投資みたいなもんだからね。わかる？　上司との人間関係を円滑にするというのも、君の大事な「自己投資」。
Ｂ：はいはい、わかりました。いつもの店でいいですよね？

私が思わず振り向くと、２人の姿は角を曲がった赤ちょうちんの店に消えていくところだった。

最近は、上司の誘いを断って帰る若手社員がふえているとも聞くが、こういう2人組を見てしまうと、まだまだ日本も昭和的な上下関係が色濃く残っているんだなあと感じてしまう。

コミュニケーションを図ること自体は悪いことではない。

たまになら、会社の上司や同僚と飲みに行くのも良いだろう。

だがこの2人に関しては、どうやら毎日のように上司が誘い、部下が断れずに付いいて行くパターンのようだから、ちょっとつるみ過ぎと言えるかもしれない。

それに、この上司は部下に対して「自己投資」という言葉を使っていた。

自分がより良い未来を手にするためにお金を使うことを「自己投資」と呼ぶが、人間関係を円滑にするために使うお金は果たして「自己投資」になりうるのだろうか？


答えを導き出すには、投資額に対してリターンがどれだけあったのかを確認してみればいい。

上司と付き合いで飲んだ総額を計算し、その金額を超えるリターンがあったのなら、その飲み代は「自己投資」と呼んでいいだろう。

具体的には昇給とか昇進、会社内での立場が良くなるようなことがあったかどうかということになる。もし何もない（おそらくないと思うが）なら、それは「自己投資」ではなく、たんなる「浪費」だ。


こと人間関係の付き合いに関しては、「自己投資」と「浪費」の境目はあいまいで、判断がつきにくい。

ただ一つ言えるのは、**「この人からはいろいろ学ぶべきことがある」と思えるのなら、付き合いは「投資」になりうるし、逆に尊敬できない上司とつるむのは明らかに「浪費」**になってしまうということだ。


学生の頃に先輩からこう言われたことがある。

「田口、人付き合いは二次会から始まるんだぞ。わかったら俺に付いてこい！」

なんだかカッコ良く言われたので、そのときは鵜呑《うの》みにして付いて行ったものだが、今考えてみればその言葉にはなんの根拠もないことがわかる。

長く飲めばコミュニケーションが深まるというわけでもないし、一次会で帰ったからといって、その人がダメなヤツだなんて誰も思わない。

その先輩は、ただたんに飲みたかっただけなのだ。

飲みたい人はなんだかんだ理由をつけて人を巻き込もうとする。
断れない人は、「付き合いも自己投資だから」と言い訳をして誘いに乗ってしまう。
本当の自己投資は、自分一人でするものだ。

27 「NO!」と断りきれない自分を捨てる

知り合いのCさんが居酒屋をオープンしたというので、お祝いに行ったときのことだ。
田口　：おめでとう！　なかなか賑《にぎ》わってるね。順調なすべり出しなんじゃないの？
Cさん：いや、それがその……。ここにいる人たちはほとんど私の知り合いなんです。
田口　：知り合いだっていいじゃない。売り上げに変わりないんだから。
Cさん：そうだといいんですが、実は大赤字でして……。

田口　：え？　なんでそうなるの？
Cさん：知り合いだからってことで、みんなにサービスしてるうちに赤字になってしまって。
田口　：え――!?　そんなことしちゃってるの？
Cさん：安くしてよと言われると、どうしても断れなくて……。

そういえば、この人は昔から、少し気の弱いところがあった。人から何か頼まれるとＮＯと言えないタイプなのだ。

こういう人は街中でもよく見かける。

街頭で中年女性に声をかけられ、時間がないのに何枚もあるアンケートに困りながら答えていたり、洋服売り場で店員にすすめられるまま試着をして、「これだけ手間をかけさせて何も買わないわけにいかないよな……」と予算オーバーの洋服を買ってしまったり。

気が優しいのは長所ではあるが、だからといってこんなことばかりしていたのではお金と時間がいくらあっても足りなくなってしまう。

「NO!」と言えない人は、お金を貯めるには向いていない性格なのだ。

私が外資系の保険会社に勤めているとき、同僚でNOと言えない人がいた。

上司から残業を頼まれると「はい、わかりました!」とふたつ返事でOKしてしまい、連日遅くまで残って仕事をしていた。

彼の机の上には資料や書類が山積みになっていて、その山が片づくことは永遠にないのではないかと思えるほどだった。

しかも、彼は営業だったにもかかわらず、常に人から頼まれた雑務に追われていたので、営業成績はいっこうに上がらない。その結果、まわりからの評価はいまいち……という本末転倒な状態だったのだ。

人から言われるまま何でも引き受けてしまうのは、自分に自信がないために、**「相手**

に合わせておけば摩擦がおきないだろう」という、ある種の自己保身からくるものなのだろう。

しかしそれを続けていると、本来やらなければならない自分の仕事ができず、評価も下げてしまう。こういうタイプの人たちは、どうしたらこの悪循環から抜け出せるのだろうか。

人に合わせてばかりでNOと言えないのは、自分が何をしたいのか、何をやるべきかがわかっていないからだ。

営業なら外回りがメインであってデスクワークの優先順位は下になる。

当たり前のことではあるが、営業は契約を取ってきてはじめて営業と言える。

自分の仕事で手いっぱいのときに優先順位の低いことを頼まれたら、それを理由に断ればいいのだ。

「断ればいいと言われても、それができないから苦労してるんだよ！」

そんなふうに、イラッとした人も多いだろう。

断れないのは、断った経験がないからそう思い込んでしまうのだ。

上司から気のすすまないことを頼まれたら、とにかく一度断ってしまおう。

そうすれば、まわりに衝撃が走る。


「まさか、あいつが残業を断るなんて……」


そして、その日を境にまわりのあなたに対する接し方が変わる。

決して悪い方に変わるのではない。あなたの立場や優先順位を理解し、気を使ってくれるようになるのだ。

そうなればもうあなたは、自分の仕事に全力を注ぐことができるようになる。

そして、やがてまわりからの評価に繋《つな》がり、お金にも結びついてくる。

たった一度の勇気だけで状況は好転するのだ。

居酒屋を始めた知り合いも、自分が何をやるべきかをはっきりさせれば問題は解決する。

彼が心配しなければならないのは、**「人の顔色」ではなく「店の売り上げ」**だ。知り合いにサービスするのは彼の優しさだとしても、どこかで線引きをする必要がある。

「悪いけど、ここからは通常の値段でやらせてもらうね。店が潰れたらサービスもできないからさ」

このひとことが言えれば店も繁盛するし、知り合いも笑顔でまた訪ねてきてくれる。

NOと言えばすべてがうまくまわり始める。

NOと言ってもあなたが困ることはおこらない。

勇気を出して、NOと言ってみよう。

28　「へりくだり」を捨てる

私は隙間の時間ができると本屋へ足を運ぶことにしている。いろんな本を見て回っていると、世間の人がどんなことに関心を持っているのかわかっておもしろい。

なかでも人間関係に関する本の多さにはびっくりしてしまう。人は人に悩み、人を知りたがる生き物なんだ、とつくづく感じる。

私自身は、自分で会社を経営しているので、人間関係の摩擦で悩んだりすることはないが、会社員時代には苦労することもあった。

今でも忘れられない上司がいる。

その上司は、部下に対してはいつも横柄な態度をとっていた。
毎日、誰彼かまわず毒づいて、小言ばかり言っていた。
私も何度か怒られたが、理由は思い出せないほど些細《ささい》で理不尽なことだった。
もちろん腹は立ったが、会社という組織の中ではどうすることもできない。

私はじっと我慢するしかなかった。

しかし、上司は、私たちに見せる顔とはうって変わって、目上の人間に対してはへりくだった態度を見せていた。人によって態度を変えるその姿に、私たち部下はますます幻滅し、気持ちは離れていったのだった。

だがしばらくすると、私はあることに気づいた。

その上司は、彼の上役の人間から、それほど気に入られていないようなのだ。

あれだけがんばって媚《こ》びているのに、上役に煙たがられているなんて、気の毒な話だが、それは彼の人間性がバレていたからに違いない。

自分ではうまく立ち回っているつもりでも、どこかでその人の本質が出てしまうのだとしたら、それはとても恐ろしいことだ。

私はその上司を反面教師にして、**人によって態度を変えることがないよう気をつけることにした。**


それから数年が経ち、自分で会社を興した私は、ワクワクする仕事に恵まれた。

日本の投資業界では名の知れているさわかみ投信の創業者、澤上篤人《さわかみあつと》さんの勉強会のコーディネートをすることになったのだ。

私はもともと澤上さんの大ファンだったので、精一杯この仕事に取り組んだ。

だが、澤上さんに対する私の思い入れが強すぎて、当初は緊張して口をきくことすらままならなかった。

「いったい何を話せばいいんだろう……」

私は今でこそ「澤上さん」なんて親しく呼ばせてもらっているが、その当時はなれなれしくしては失礼な気がしたので、「さん」付けで呼ぶことすら躊躇《ちゅうちょ》した。

「澤上先生」と呼んだ方がいいのではないかと考えたのだが、それはそれで距離を感じてさみしいものがある。

そう思って名前を呼べずにいると、同じく勉強会を手伝ってくれていた人が、少しへりくだった態度でこう言った。

「澤上先生、さすがですね！　先生の勉強会はいつも満員で、活気があって素晴らしいですね！」

そのとき、澤上さんの顔が少し曇ったのを私は見逃さなかった。

と同時に、私の頭の中に、突然あの上司の姿がよみがえってきた。

「そうだ！　へりくだった態度をとらないと、あのとき決めたじゃないか……」

私は思い切ってこう話しかけてみた。

「澤上さん！　また澤上さんと一緒に仕事がしたいです！」

澤上さんは私の方に向き直り、満面の笑みを見せてくれた。

もし自分が誰かと一緒に仕事をして、おだてられたり、へりくだった態度を見せられたりしたら、なんとなくこそばゆい感じがするだろう。

それは、相手におもねろうとする気持ちが見え隠れするからだ。

「何かあったらまた私を使ってくださいね」
「次の取締役会ではぜひ私を推薦してもらいたいんです」
「この人と繋《つな》がったらお金がもうかるに違いないよ」

こうした心の声が聞こえてきたら、誰だってその人を敬遠したくなるだろう。

それよりも自分の気持ちをストレートにぶつけた方が、相手も気持ちよくなれるし、親しみを感じてくれるはずだ。

澤上さんと私は、今でも良好な関係を続けることができている。

世の中はおもしろいもので、**「プロの太鼓持ち」**という職業がある。
宴席やお座敷で気の利いた言葉や会話によって場を盛り上げ、芸を披露して芸者さんや舞妓《まいこ》さんを引き立てる役回りをする男性の職業だ。

なかにはわざと暴言を吐いて笑わせたりする場合もあるらしいが、基本的にはお客さんを褒めて気持ちよくさせるのが彼らの仕事だ。

人には誰かに褒められたいという願望があるから、それを気持ちよく満たしてあげられれば、「太鼓持ち」という職業で生計がたてられる。

けれども、プロの芸人で食べていける人がほんの一握りであるように、「人を気持ちよく褒める」という才能や技術を持っている人はほとんどいない。

もし「ウチの会社にはそういう人がいて、まわりを楽しませているよ」という人がいたら、その人には特有のキャラクターや才能があるということなのだろう。


本物の太鼓持ちは誰からも嫌われない。

中途半端な太鼓持ちは部下どころか上司にも嫌われる。


芸がないなら正直さで勝負しよう。

29　メンターを捨てる

講演会やセミナーなどを開催すると、たまにこんなことを言われることがある。

「田口さん、僕のメンターになってください！」

メンターとは、「良き指導者」とか「優れた助言者」という意味で、成功体験を持った人を師と仰ぐ場合に使ったり、最近では会社で新人を育成する担当者をメンターと呼んだりする場合もあるようだ。

「その気持ちはうれしいけど、僕はあなたに対して何もできませんよ……」

私の答えがこんなふうにそっけないのは、**「メンター」**という存在に、少し懐疑的なところがあるからだ。

成功した人を見て、「自分もあんなふうになりたい！」と努力するのはとても良いことだ。「僕のメンターになってください」と言ってくれた人も、それがキッカケでお金を稼げるようになってくれるなら、とてもうれしい。

ところが、そういう人に限っていつまで経っても「成功した」という話を聞かないのだ。

これはどうしてなのだろうか？

サッカーの本田圭佑《ほんだけいすけ》選手にあこがれてサッカーをはじめた子どもは、まずは本田選手のマネから入るはずだ。

本田選手と同じ背番号の入ったユニフォームを買ってもらい、ドリブルやパス、シュートの形も本田選手のマネ。

だが、そのうちサッカー本来の楽しさに気づきはじめると、自分の特性が本田選手とは違っていることがわかってくる。

そしていつしかその子は自分自身でサッカーを考え、自分にあったプレイスタイルを生み出していくようになる。

一方、**同じようにマネから入っても、そこから抜け出せずに終わってしまう場合もある。**

彼らは一様にこんなことを考えている。

「この人に言われた通りにしよう。それだけやっていればお金持ちになれるはず」

メンターへの依存心が強くて、自分の頭で考えることをしなくなっているのだ。

厳しい言い方かもしれないが、誰かに心酔しすぎて、その人の言う通りにしか行動しない人は、ラクして何かを得たいと思っている傾向にある。

けれど、**ひな鳥のようにいくら大口を開けて待っていても、お金を運んで来てくれる**

人などいない。

メンターは、自分を成長させてくれるキッカケになるかもしれない。
しかし、その人たちに依存し、満足した瞬間に、そこで成長は終わる。
その先はあなたの「探究心」にかかっているのだ。

30 食事をおごる関係を捨てる

私の講演会をときどき手伝ってくれるU君（28歳　男性　独身　サービス業）と講演会後に話していたときのことだ。

U君：いやぁ、年をとるといろいろ大変ですよね。
田口：君、まだそんな年じゃないでしょ？
U君：でもね、後輩ができると、おごったりしなきゃならないからお金がすぐなくなるんですよ。

田口：え？　そんなひんぱんに後輩におごったりしてるの？

U君：えっ、おごりませんか？　だいたい後輩とご飯を食べに行ったときは、僕が全部、払ってますよ。

田口：そりゃ、いつもそんなことしてたらお金なくなるよ。やめたらいいじゃない。

U君：だって、先輩として後輩におごるのは当たり前ですよね？

田口：当たり前じゃないよ。先輩だからおごるって理由はおかしくない？　根拠は何もないよね。

U君：そう言われたらそうですけど……。なんかケチって思われたくないなあって。

U君が言っていることは、私にもよくわかる。

彼と同じくらいの年齢のとき、私は学習塾の講師をしていて、月給50万円をもらっていた。

これは、当時の同世代の給与と比べてもかなり高い額だ。

若かったこともあり、私は調子に乗って毎晩後輩を連れて居酒屋やキャバクラに繰り出していた。

「田口先輩！　今日もおごってくれるかな？」

「いいとも！」


こんな感じで後輩の分まで出してやり、気がついたら、はしごしたキャバクラ代まで全額自分が支払っているというありさまだった。

どんなに給与をもらっても、これだけ派手に遊びまくればお金はすぐに底をつく。

私はそのあと500万円の借金を抱えて、首が回らなくなってしまった。


先輩・後輩という関係は、たんなる年齢の差にすぎない。

同じように働いて給与をもらっているのだから、基本的には対等な関係にある。

年齢が上だから、おごらなければならないというのはおかしな理屈だ。

もし後輩に「先輩、ご飯を食べるので、お金をください」と言われたら、すんなり払う人はいないはずだ。

私は**お金で失敗してから理由なく誰かにおごったり、おごられたりするのをやめることにした。**

「友だちの誕生日にお祝いの気持ちとしてお金を出す」「新入社員歓迎の席でお金を出す」というように、理由があるときだけに限るようにしたのだ。

こうすれば、**お金を出す方も受け取る方も納得がいくし、感謝の気持ちにも繋《つな》がりやすい。**

余談になるが、吉本興業の芸人さんたちは、先輩が後輩にご飯をおごるのは常識らしい。

なぜなら、彼ら芸事の世界にいる人たちは若手時代ほとんど給与がもらえず、先輩に助けてもらわなければ生きていけないからだ。

そこには成功者が次に続く者たちを育成していくという独自のシステムができあがっ

ている。

そういう必然的にできあがったルールであれば、おごり・おごられという関係にもしっかりとした意味があるし、お金を使う価値がある。

お金には**「生き金」**と**「死に金」**があって、意味のあることに使えばそれは生き金になるし、あいまいなことに使ってしまえば死に金になってしまうのだ。

誰かにおごるときは、ちょっと踏みとどまって、そのお金を使う意味があるのかを考えてみるといい。たいした意味がなく、「見栄」のために使おうとしているお金なら、誰のためにもならない。

お金を生かすも殺すもあなた次第なのだ。

31　100%勝つ「交渉」を捨てる

仕事で取引相手と交渉する場面は、いつもスリリングなものだ。
相手からどれだけ良い条件を引き出せるか、双方ともに譲らず舌戦を繰り広げる。
私も保険の営業をしている頃は、そうした交渉事は何度もくぐりぬけてきたし、その経験は今でも私の仕事に活かされている。

誰かと交渉に入るとき、私はいつもあることを自分に言い聞かせてから臨むようにしている。

それは、**「交渉では8割勝てば良い」**ということだ。

「え？　なんで8割なの？　100%勝つ方がいいでしょ？」

いや、私の経験では、交渉事で相手に完全勝利をすると、その後ロクなことにならない。

たとえばあなたが、大手の広告代理店に勤めていたとしよう。

食品会社のCMを制作するために、小さな下請け会社、Dエージェンシーに発注する。Dエージェンシーから出された見積書には、130万円と書かれてあった。

業界の常識から考えても、決して高い金額ではない。むしろ安い方だ。

しかしあなたは容赦なく下請け会社の営業に向かって、こんなセリフを吐く。

「いつも依頼してるんだから、もうちょっと安くしてよ。130万円の半額くらいでじゅうぶん作れるでしょ？　ダメなら、ほかにお願いしてもいいんだよ」

もう、値切り交渉というより、なかば脅迫である。

下請け会社としては、大口クライアントにそんなことを言われたら、NOとは言えない。

「あ……、はいわかりました。じゃ、じゃ70万円で制作させていただきます……」

あなたは冷淡にも、

「やればできるなら、最初からそうしておいてよ」

と吐き捨てて、内心はガッツポーズ。

「やった！　ずいぶん安くなった。これで部長の評価も上がるかな……」

と、ほくそ笑む。


あなたは、さぞや爽快だろう。

しかし、下請け会社の方に目を向けてみると、どうだろうか？

相手はもともと、ＣＭの制作を１３０万円で提示してきた。

つまり、人件費や制作費などを考えるとそれくらいの予算は必要だということだ。

それが結果として70万円に叩《たた》かれてしまった。

「１３０万円でもギリギリなのに……70万円なんて。ウチの会社は大赤字だよ！」

いくら大手といえども、こんな会社の仕事を引き受けていたら、倒産の憂き目に遭いかねない。相手にそう判断されてしまったら、次からもう、あなたが依頼する仕事は受けてくれなくなるかもしれないのだ。

「だったら、ほかの会社に依頼すればいいよ。いくらだって、安く引き受けてくれる下請け会社はあるでしょ？」

たしかに、引き受けてくれる会社はあるだろう。

しかし、「価格」は「クオリティ」に少なからず跳ね返ってくる。

利益も出ないほど制作費を削って作らせたものが、みんなの記憶に残るような素晴らしいＣＭになるわけがない。

商売というものは、**「持ちつ持たれつ」**だ。

こちらが、「ハイクオリティのものを、低予算で作りたい」と思うと同時に、相手は「ハイクオリティのものを作るには、それなりの予算が必要だ」と考えている。

どちらかが一方的に得をしたり損をしたりすれば、良い仕事はできないし、関係は長く続かない。

映画『男はつらいよ』の劇中で、主人公の寅《とら》さんは縁日や盛り場でテキ屋をやっている。

どこで仕入れてきたのかわからない怪しげなモノを台に並べ、

「さあ、この品物がたったの1000円だ！　どうだい買わねぇか？　あれ？　お客さん、ケチだねえ。じゃあしょうがねえ。500円でどうだ！　あれ？　それでも買わない？　あーちきしょう！　こうなりゃヤケだ！　100円でいいから持ってけ、ドロボウ！」

寅さんのまわりにいたお客さんたちはそこではじめてお金を出しはじめる。

みんな自分が得をしたと思い、笑顔で商品を持ち帰る。

寅さんの方はどうかというと、こちらも笑顔でお客さんに商品を渡している。

どうやらもともとその商品の原価は100円以下だということがその表情から読み取

れる。

お客さんも笑顔、寅さんも笑顔。

どちらも得をしたと思える状況を作り出すのが商売の基本だということがよくわかる。

その場限りの勝ち負けにこだわると商売はうまくいかない。

持続可能な関係を作り出すことができれば、お互いが利益を生み出し続けることができる。

あなたの交渉に「笑顔」はありますか?

32　古い名刺は捨てる

仕事で人と会う機会が多くなってくると、それに比例してふえてくるモノがある。

それは**「名刺」**だ。

気がつけばオフィスや自宅に何千枚もの名刺が溜《た》まっていて、いったい誰の名刺がどこにあるのかまったくわからなくなっている、なんて人も多いのではないだろうか。

私も名刺の管理については昔から試行錯誤の繰り返しで、なかなかうまく整理することができないで困っていた。

はじめに私が考えたのは、**名刺をカテゴリーごとに分けて整理する方法**だった。

「講演会で知り合った人」「出版関係者」などと分類しておけば、あとで必要になったときに閲覧しやすいと考えたのだ。

だが、どんなにキチンと整理したところで収納するスペースもどんどん必要になってくるし、何より、整理したところで探しにくいことに変わりがない。

ついには整理するのに疲れてしまい、そのうち放置するようになってしまった。

「ここまでふえたら、思い切って処分していくしか方法はないな」

そう考えたはいいが、処分するためには、必要のない名刺を選り分ける必要が出てくる。

私は目の前が暗くなっていくのを感じた。付き合いのある人と、そうでない人を選別するのが一苦労になるのはわかりきっていたからだ。

「なんとか自動的に名刺を処分できるような方法はないかな……」

名刺交換をしてからお互いに連絡を取り合い、仕事などに発展するようになる人というのは限られている。

そういう人とは、通常の場合、知り合ってから一ヶ月以内に交流が始まっているものだ。

それに、ひんぱんにやりとりが必要になった人の電話番号やメールアドレスなどは携帯電話に登録されている。

何年も経ってから誰かの名刺を確認しなければならなかったことなど過去に一度もない。

私は**名刺交換して3ヶ月経ってもお付き合いが始まらなかった人は、縁がなかったと考え、名刺を処分することに決めた。**

時系列で名刺を管理するには、名刺交換した日付を書いてその順番に保存しておけばいい。

そして、名刺交換してから次に会う約束をした人の名刺は携帯電話やパソコンに登録してしまい、３ヶ月たってもやりとりのない人の名刺は自動的に処分する。

この方法は今までになく画期的で、私の性格にも合っていた。

以来、膨大な名刺に悩まされることはなくなったし、処分して困ったというケースも起きていない。

「この名刺はあとで何かの役に立つかもしれない」

こんな考えでいろんな人と名刺交換する人がいるが、場当たり的に人と繋《つな》がろうとしてもそれは時間のムダになるだけだ。

やはり、自分自身が第一印象で好感を持たれる人物でなければ繋がりを持つことはむずかしい。

人と繋がるというのは、名刺を交換すれば成立する単純なものではないのだ。

古い名刺を後生大事に持っていても、そこからは何も発生しない。

誰かと強い繋がりを持つためには、じっくり相手と話をしてお互いの性格やビジネスについての考え方を知らなければならない。

名刺集めをする時間があるなら、一人と深く関わりを持つことに心を砕こう。

33 「他人の批判」を捨てる

「あいつがもっと部下の使い方をわかっていれば、もっとスムーズにいったのに」

「そうそう。俺たちだって、もっと協力体制がとれたはずなんだ……」

「自分一人じゃ何にもできないくせに、偉そうに指示だけ出して」

「できてるつもりなんじゃないの？　足引っ張ってるって気づいてないんだよ」


仕事をしているとストレスが溜《た》まる。

そのはけ口は、たいがい上司に向けられるが、それを面と向かって上司に言うわけにはいかない。

そこで仲間と連れ立って毎晩、居酒屋で悪口大会。

どれだけしゃべっても批判のネタは尽きることがない。

ここで私からもひとこと言わせてもらいたい。

「どれだけその批判が正しくても、あなたの懐にお金は1円も入ってきませんよ」


人を批判するときには、必ずそれを聞かされる者がいる。

リアルな場であれば会社の同僚、家族。ネットであれば世界中の閲覧者。

「2ちゃんねる」のような巨大掲示板なら、あなたの意見を聞いて「それはもっともなことだ！」と共感してくれる人が集まってきてくれるかもしれない。

あなたは心強い仲間を得たことでますますエスカレートし、バーチャル世界で正義の鉄槌《てっつい》をくだし続ける。

だが、正しいことを言っているのに心はなぜか晴れないまま。

そしてまわりにはあなたと同じように不満を抱え爆発しそうな人ばかりウヨウヨしていることに気づく。

「なんだ？　この気持ちの悪い人たちは！」

それは、あなたが出している負のオーラに魅かれてやってきた**「自分では何にもしない人たち」の群れ**なのだ。

自分で何もしない人たちはいつも誰かほかの人を批判しようとやっきになっている。どれだけ正しい批判をしても、相手に「意見」としてちゃんと届かなければ、その批判は無意味だ。

内輪だけの「批判」ではなく、建設的な「意見」として相手に届けたいなら、今すぐ企画書を書いて、あなたのアイデアを上司に伝えてみたらどうだろう。

「部下の意見を聞かない上司だからこうして批判してるんじゃないか。俺が何を言ったって会社は動いちゃくれないよ」

あなたのプランがほんとうに良い内容ならば、聞く耳を持つ人がきっと現れるだろう。

だれ一人賛同しないのなら、そのプランに何か問題点があるはずだ。

「これだとちょっと詰めが甘いか……じゃ、こうしてみたらどうかな」

通らなかったアイデアはブラッシュアップのための叩《たた》き台となる。何度か繰り返していけば、誰も無視できないような画期的なアイデアができるはずだ。

そこまでたどりつけば**「思いどおりにならない世界」**は**「自分次第で何でもできる世界」**へと変貌する。

そしてまわりには、同じように世界を変える力を持った人たちが集まってくる。プラスの力が結集することでさらなる力を得て、より大きなプランを実現できるようになっていくのだ。

たんなる批判だけで終わってしまったら、何もしていないのと同じだ。

居酒屋代もそこで過ごした時間もムダになってしまう。

Ｆａｃｅｂｏｏｋでどれだけたくさんの「いいね！」がついても、何かを変えようというムーブメントにはなっていかない。

ひとたび現実世界に戻れば、また同じ日常の繰り返しなのだ。

そんなのつまらないではないか――。

現状に不満があるなら、それをとっかかりにして改善策を打ち出してみよう。

類は友を呼ぶ。

一緒にいる人たちを見れば、あなた自身がどういう人間なのかは一目瞭然だ。

あなたのまわりにいる人は、どんな話をしていますか？

第5章

お金が貯まる口ぐせ

34　3D＝「でも」「だって」「どうせ」を捨てる

この章では**日ごろから私たちがよく使っている言葉「口ぐせ」にスポットを当てて、お金が貯まる人になるにはどうしたら良いかをお伝えしていきたい。**

私は**「でも」「だって」「どうせ」**という3つの言葉を**「3D」**と呼んで意識するようにしている。なぜかと言えば、この3Dのあとにどんな言葉が続くか考えてみればすぐにわかる。

でも、できない。
だって、できない。
どうせ、できない。

必ず「できない」というネガティブワードが続くからなのだ。

言葉というものは、口にすることで自分自身にマインドコントロールをかける働きがある。

ポジティブな発言をする人はポジティブになれるし、ネガティブな発言をする人はネガティブになってしまうのだ。

ウソだと思うなら、試しにあなたのまわりを見回してみよう。

日ごろからネガティブな発言をしている人でお金持ちの人はいるだろうか？

少なくとも私の知り合いでお金を稼いでいる人たちは、決してネガティブな言葉を使ったりすることはない。

「でも」「だって」「どうせ」はせっかく何かをはじめようとするときに真っ先にブレーキをかけてしまう**「言い訳」の言葉**だ。

やってもみないうちからできないなんて、どうしてわかるというのだろう？

「今まで何をやっても成功した試しがないのに、そんな大それたことができるはずがないと思うのは当たり前でしょ？」

誰だって、自信がないのに挑戦するのはためらってしまうだろう。

だが、それならプチ成功体験を味わってしまえばいいではないか。

最初はなんでもいい、簡単な目標を立ててそれを実行に移すのだ。

たとえば、「一ヶ月で1キロやせる」という目標を立てる。

「5キロくらいやせたい」と思っているかもしれないが、ハードルを上げすぎると、途中で挫折してしまう。その結果、「どうせ、私にはダイエットなんてムリ」とあきらめグセがついてしまうのだ。

だが、一ヶ月で1キロなら、食事に気をつければ簡単に達成できる目標だ。

それを達成すれば**「プチ成功体験」**が味わえて、自分に自信をつけることができる。

ウソだと思うかもしれないが、**成功したことがまったくない人にとっては、そんなプチ成功体験であってもじゅうぶん効果的**なのだ。

小さな成功を味わうことができたら、今度は目標設定を少し高くする。

たとえば3ヶ月後に行われる市民マラソンで完走することを目標にする。それには3ヶ月間のトレーニングが必要になるから、その人は今までにない努力をすることになる。

やっていなかったことをするのは辛いが、目標があればなんとかがんばれる。

そして本番で完走し切ったとき、今まで感じたことのない喜びと達成感が湧きあがってくるのを感じることができるだろう。

次に何かやりたいと思うことができたとき、その人は無意識にこう考えるはずだ。

「やればできるかもしれない」

チームで仕事をしているとき、「でも」「だって」「どうせ」を使う人がその中にいると、チーム全体の士気が下がり、プロジェクトは失敗する。

ネガティブワードを吐くことで、自分だけでなくほかの人までマインドコントロールしてしまうからだ。そんな雰囲気が漂っている現場にいるなら、ポジティブワードで埋め尽くしてやればその空気を打ち破ることができる。

「なんとかなるでしょ」

「意外と簡単だと思うよ」

「あそこにできてウチができないわけがない」

「あと少しがんばればゴールは見えるよ」

そう、言葉一つで変えることができるのだから、**「意外と簡単」**なのだ。

35 「お金よりも大切なものがある！」は捨てる

私はお金のエキスパートとしていろんな話をさせていただいているが、ときおり、お金を否定する人に出会うこともある。

もちろんそういう人にムリにお金について語ったりはしないが、その人たちの言い分はだいたい次のようなことだ。

「私には、お金よりも大切なものがあるんです」

お金もうけだけが人生ではないということは、私にもわかる。

「お金よりも大切なもの」とは、家族、友人、恋人、やりたいことをする自由な時間など、その人が幸せを感じることを指すのだろう。

だが、**その人にとって大切なものが失われる危機に直面したらどうだろう？**

家族や恋人が病気になる。異常気象で農作物が収穫できなくなる。友人の借金の肩代わりをすることになって、自由な時間を奪われる。

そんな考えたくもないような一大事が、突発的に発生することだってあるはずだ。

そんなとき、お金がないとじゅうぶんな対策がとれない。

大切な人を病院に連れていけなかったり、食糧を調達することができなかったり、借金を返せずお金のために働き続けなければならなかったりしてしまうのだ。

お金にまったく執着していなかった人がトラブル一つでお金に振り回され、お金の奴隷になってしまうのは本意ではないだろう。

お金で幸せは買えないかもしれないが、**お金があれば食い止められる不幸はたくさんある。**

「お金よりも大切なものがある」と言う人は「お金もうけ＝悪」という考え方をしている場合も多い。

仕事をして対価をもらうのは正当な権利なのに、どうしてこのような考え方が根強く残っているのだろうか。

日本人は昔から「欲」について口にすることを良しとしない道徳観を持っていた。家族5人でまんじゅうが4個しかなかったら、必ず誰か1人が我慢して「俺は腹がすいてないからいらないよ」と言ってほかの兄弟や子どもに食べさせてやったりした。だがそれは、家族に対する思いやりの心から来ているのであって、働いたのに「給料はいらないよ」というのとは、根本的に違う。

ところが、昔の経営者は日本人のこの「欲」に対する道徳観を逆手にとって、**「お金のことを口にするのは、はしたない人間のすることだ」**という考え方を刷り込んで、賃上げ要求が起こらないようけん制してきたのかもしれない。いまだにお金のことを口にするのは「はしたない」と思っている日本人が多いのは、その頃の名残なのだろう。

「お金をもうけることは悪いことではない。それは、大切な誰かを守るために必要な行為だ」

人に聞かれたら、私は正直にこう答えるだろう。

「お金は、ないよりもあった方が良いです」

「お金より大切なものがある」と言ってお金と真剣に向き合わないのは、お金を稼ぐことができないことの言い訳に聞こえる。

お金に嫌悪感を示す人は、実は人一倍お金のことを気にしている。でなければ、お金という言葉にそこまで反応したりはしない。

そこまで気になっているのなら、「お金を稼がなくていい」などとやせ我慢していないで、いっぱい稼ごうとしてみたらどうだろう？

それをやってお金を手に入れてしまえば、もうお金のことなど気にならなくなってスッキリ生きていけるようになる。

お金など一つのツールに過ぎないのだから、もっと気楽にいこうではないか。

36「いつかやろう」は捨てる

誰もがお金をたくさん稼ぎたいと思っている。

それなのに、それができる人とできない人に分かれてしまうのはなぜだろう?

その原因の一つは、**時間に対する感覚が人によって違う**からなのではないかと私は考えている。

人生には限りがある。

けれど、日常生活の中で、私たちはそのことをすっかり忘れてしまっている。

「今日はお酒飲んじゃったし、明日でいいか……」

「めんどくさいなー。いつかやるから今日はもういいよ」

こんなふうにやるべきことに手をつけるのを後回しにしてしまう。

どんなに優秀な人だって、目的のために行動を起こさなければそれが達成されることなどない。

怠けようとする自分に勝てなければ、理想の未来など永遠に手に入りはしないのだ。

「わかってはいるんだけど、お尻に火がつかないとやらないタイプなんですよね」

実は、私も若い頃は怠けてばかりいた。

自分の将来をじっくり考えるよりも、競馬でどの馬が一着で入るかを考える方が好きだった。

「まだまだ遊んでても大丈夫だろ。だって俺、若いから」

そういう気持ちが一変したのは、ある出来事がキッカケだった。

ある日、私は友人の運転する車の助手席に乗って移動していた。

なんてことない日常の一コマだ。

私はリラックスした気分で流れていく景色を見ていた。

交差点に差しかかったとき、1台の乗用車が突然視界に飛び込んできた。

そしてそのまま私のいる助手席側に激突した。

あっという間の出来事だった。

どうやら車は大破してしまったようだ。

混乱しながらふと横を見ると、ドアがメチャクチャに潰れている。

あと数センチで私の身体を貫こうかという位置だ。

奇跡的に、私も友人も大事には至らなかったが、当たりどころが悪ければ、確実に死んでいたのだった。


それ以来、私は目の前の仕事に全力で取り組むようになった。

チャンスが来たときには、とことんこだわって結果を出そうとした。

「明日、自分がどうなっているかなんてわからない。もしかしたら明日なんてないかもしれない。今日やっておかなければ！」


いつ自分の命に終わりがきたとしても後悔しないように、与えられた一日を精一杯生きるしかないんだと、素直に思えるようになったのだ。

今日という日をどう使うかはその人の自由だ。

ダラダラ過ごそうが遊びに使おうが、本人が納得しているならそれでかまわない。

けれど、やりたいことがあるのにそれを後回しにしているのなら今すぐ取りかかった方がいい。

悔いの残らない人生をまっとうすることが、私たちの使命なのだから。

37 「絶対、大丈夫」は捨てる

私にはこれが出てきたら要注意！　と思っているワードがある。

それは「絶対、大丈夫」だ。

「絶対、大丈夫です！　この株は上がり続けます」
「絶対、大丈夫！　この場所は安全です」
「絶対、大丈夫！　君ならウチの幹部になれるから」

こんなふうに始まる話が、「絶対、大丈夫」だったためしはない。

世の中に「絶対」ということはないのだ。

だから「絶対、大丈夫」を口ぐせにしているような人は信用できないと思っているし、自分がうっかりこの言葉を口にしていないかいつも気をつけている。

「絶対、大丈夫」がなぜダメなのか。なぜなら、それを裏付ける根拠がないからだ。
それどころか、そこにはむしろ不安がある。
不安な気持ちを打ち消して安心させるために、自分にも相手にも「絶対、大丈夫」と暗示をかけようとしているのだ。

それでも「絶対、大丈夫」にだまされて、お金を失ったり時間をムダにしてしまったりする人たちは後をたたない。


かなりシビアな例だが、原子力発電所の事故が良い例だ。

私たちは、幼い頃から「日本の原発は絶対に安全です。事故は起こしません」と、繰り返し聞かされてきた。

しかし、２０１１年3月に起こった福島第一原子力発電所の事故によって、「絶対安全」なんてないことが証明されてしまった。

「国が絶対安全って言うんだから信用してしまうわよね」

確かにそうかもしれない。

だが、「絶対安全」という安直な言葉を鵜呑《うの》みにし、思考停止していた私たちの側にも、責任がないとは言えない。

なぜなら、**「絶対～」という言葉を信用してしまう人は、相手に安心させてもらいた**

いという潜在的な願望を持っているからだ。

「ほんとうにこれをやって大丈夫ですか？　ねえ、なんとか言ってくださいよ」

こんなふうに聞かれた側は、やはりこう答えざるをえない。

「ええ、絶対、大丈夫ですから……」

人は、信じたい言葉しか信じない。

つまり、「絶対」を相手に言わせてしまう人の方にも、自分の頭でモノを考えずに人の言葉に頼るという問題があるのだ。

耳に心地よい「絶対～」という言葉を鵜呑みにしていては、いつか仕事や事業で大損することになる。

お金を稼ぐ人になるためには「絶対」という言葉を信用してはいけない。まず自分の頭で「ほんとうにそうなのか？」と考えられる人間になる必要があるのだ。

ここまで読んで「あれ？」と思った人がいるのではないだろうか？

もしそう思ったなら、あなたは自分の頭でモノを考えている人だ。

そう、**この本に書いてあることをすべて鵜呑みにしてしまっているようなら、あなたは思考停止状態。**

もちろん私がここに書いていることはすべて真実だ。

だがそれは、「私流の考え方」に過ぎない。

お金を貯める力をつけるためには、そこからさらにあなたの頭をフル回転させて独自のやり方を見つけていく必要がある。

私のやり方だけが、「絶対」ではない。

あなたにあったこと、あなたにしかできないことがあるのだ。

それを発見し、行動に移していくことで、はじめて能力をフルに発揮することができるようになる。

この本を足掛かりに、あなたがそれを見つけてくれることを心から願っている。

おわりに

お金について考えていると、とても不思議な気持ちになることがある。

お金は人を幸せにするためにあるはずなのに、人を不幸にしてしまっていることが実に多いからだ。

私が28歳のとき、借金500万円を抱えて茫然自失《ぼうぜんじしつ》となってしまった出来事は、いまだに私の心に深く刻まれている。

「なぜ自分がこんなことに？」

人並み以上の給料をもらい、お金に困ったことなどそれまで一度もなかった私は「借金生活なんて自分とはまったく関係のない世界で起きていることだ」とタカをくっていた。

ところがその関係ない世界の出来事が、現実に自分の身にふりかかってきた。

なんの前ぶれも警告もなしにだ。

私はそこではじめてお金が恐ろしいモノだということに気づいた。

私がみなさんに「お金が貯まる人」になってもらいたいのは、「お金持ちになって、ハッピーに暮らそう！」という明るい側面からばかりではなく、自分が味わった最悪の体験をほかの誰かにしてもらいたくないという思いがあるからだ。


お金は人を幸せにもするが、不幸にもする力も持っている。


お金で不幸になる人は、生活習慣に問題があることには前から気づいていた。

なぜなら私自身がそうだったからだ。

ところがやってみるとわかるのだが、生活習慣を改善するのはなかなかむずかしい。

今までやっていなかったことを習慣化するのは意外とハードルが高いのだ。


「でも捨てることなら、簡単にできるんじゃないか？」

この発想が、本書を書くキッカケとなった。

どうかこの本に書かれていることを一つでいいから実践してみてほしい。

何か一つ実践さえすれば、きっと変わるキッカケをつかむことができる。

あなたの人生は、あなた自身のものだ。

私はこれからも、お金と正面から向き合い、お金に振り回されない生き方を目指す人たちを全力で応援していく。

あなたの街で「お金の自由を手に入れる」「稼ぐ力を身につける」というテーマで講演会が開かれていたら、きっとそれは私に違いない。

もし私の話を聞きたいという方がいらっしゃったら気軽にご連絡いただきたい。

日本全国、どこにでも行くつもりだ。

最後まで本書を読んでくださったすべての方に感謝の気持ちを伝えたい。

そして、みなさんが幸せな未来を手に入れることを、心から願っている。

田口智隆

編　　集　江波戸裕子
DTP制作　三協美術
カバー写真　iStock.com/fatido

本書は2014年5月、フォレスト出版より単行本として出版された『お金が貯まる人が捨てた37のこと』を修正して新書化したものです。

お金が貯まる人が捨てた37のこと
2018年9月13日　第1版第1刷

著　者　田口智隆
発行者　後藤高志
発行所　株式会社廣済堂出版
〒101－0052　東京都千代田区神田小川町
2－3－13　M&Cビル7F
電話 03-6703-0964（編集）03-6703-0962（販売）
Fax 03-6703-0963（販売）
振替 00180-0-164137
http://www.kosaido-pub.co.jp

印刷所
製本所　株式会社廣済堂

装　幀　株式会社オリーブグリーン
ロゴデザイン　前川ともみ＋清原一隆（KIYO DESIGN）

ISBN978-4-331-52184-7　C0295